中学研究性学习实践

航天篇

1.如何测量地月距离

主　编　蒲佳意
副主编　高峻岭　刘晓岚
编　委(以姓氏拼音为序)
陈　昊　高　献　韩瑞东　姜　峰
刘朝福　吕　峰　刘建华　刘　清
石昌龙　田才让　王　飞　王　猛
王　兴　武树滨　谢　群　徐增辉
于春辉　杨　帅　于永乐　袁振民
翟　健　曾庆江　朱晓丹　朱云浩

中国科学技术大学出版社

内 容 简 介

本套书为面向中学生的项目式学习探究手册，包含《如何测量地月距离》、《如何建立卫星能源系统》和《如何设计航天服》三册，带领学生综合运用科学、技术、工程、艺术与数学等多学科知识解决实际问题，最后完成一份兼具深度和广度的研究性学习报告。其中，《如何测量地月距离》以在伽利略时代如何测量地月距离为驱动性问题，引导学生自主设计一套测量地月距离的方法。《如何建立卫星能源系统》以如何设计立方星太阳能能源系统优化方案为驱动性问题，带领学生逐步解决卫星能源系统的设计难题。《如何设计航天服》以如何设计高性能航天服为驱动性问题，带领学生探究多种物质的保温性能，为航天服设计提供基础的数据，并设计出保温性能良好的航天服。

图书在版编目(CIP)数据

中学研究性学习实践. 航天篇 / 蒲佳意主编. -- 合肥 ：中国科学技术大学出版社，2025.2

ISBN 978-7-312-05921-6

Ⅰ. 中…　Ⅱ. 蒲…　Ⅲ. 中学—教学研究　Ⅳ. G632.0

中国国家版本馆 CIP 数据核字(2024)第 058476 号

中学研究性学习实践·航天篇

ZHONGXUE YANJIUXING XUEXI SHIJIAN • HANGTIAN PIAN

出版　中国科学技术大学出版社
安徽省合肥市金寨路 96 号，230026
http://press.ustc.edu.cn
https://zgkxjsdxcbs.tmall.com

印刷　安徽联众印刷有限公司

发行　中国科学技术大学出版社

开本　787 mm×1092 mm　1/16

印张　17.75

字数　227 千

版次　2025 年 2 月第 1 版

印次　2025 年 2 月第 1 次印刷

定价　120.00 元(全三册)

前　言

《中学研究性学习实践·航天篇》是一套引领中学生综合运用科学、技术、工程、艺术与数学等多学科知识，深入探索科学世界、培养创新思维和实践能力的学习指南。通过生动有趣的研究性学习项目，如“如何测量地月距离”“如何建立卫星能源系统”“如何设计航天服”等，引导学生运用跨学科知识解决实际问题，最终完成一份兼具深度和广度的研究性学习报告。

研究性学习对中学生而言具有举足轻重的意义。在当今知识日益融合的时代，单一学科的学习已经无法满足社会对人才的需求。研究性学习鼓励学生打破学科壁垒，将多学科知识相互融合，形成完整的知识体系。学习的本质是对问题持续不断地探求，而研究性学习最重要的价值就是鼓励学生从被动接受知识转变为主动探索、发现与解决问题，从而点燃学生的学习热情，激发他们的好奇心和求知欲。在这一过程中，学生将学会独立思考、批判分析，并在团队协作中提升沟通和创新能力。这些能力不仅对学生的学业成绩至关重要，更是他们未来职业生涯中不可或缺的宝贵财富。

在研究性学习课程研发方面，冷湖实验室拥有丰富的经验。自 2017 年成立以来，冷湖实验室已自主研发了“火箭原理与设计”“火星救援”“青鸟二号卫星设计”“全地貌火星车”等项目式课程，这些课程相继在北京市八一学校、北京市十一学校、太原市进山中学校、石家庄市鹿泉区第一中学、济南市安生学校、济宁市兖州区第一中学等 50 余所学校开设，上课的学生数量超过 10 万人。如北京市八一学校引入了“火箭原理与设计”和“火星二号生态舱设计”项目式课程，

北京市十一学校引入了“火箭原理与设计”和“图图机器人”项目式课程，太原市进山中学校引入了“1 U 立方星”和“全地貌火星车”项目式课程。

本套书结合《中国 STEM 教育 2029 行动计划》编写，紧密贴合当前教育改革，从实际问题入手，逐步引导学生深入探索。在编写过程中，本套书注重理论与实践相结合，既包含丰富的理论知识，又配备了生动的案例，帮助学生获得丰富的实践经验。我们希望通过这种方式，让学生在实践中学习、在探索中成长。同时，我们也充分考虑了中学生的年龄特点和认知水平，以通俗易懂的语言、趣味盎然的案例，激发学生的学习兴趣和热情。

本套书得到了中国航天科技国际交流中心刘晓岚处长、中国 STEM 教育 2029 行动计划推进办公室吕峰主任等众多教育专家和一线教师的鼎力支持，他们的智慧为本套书的编写奠定了坚实的基础。中国科学技术大学的倪向贵博士、李旭副教授、严飞特任教授为本套书录制了学习指导视频，并在审阅全稿后提出了宝贵的意见。在此，我们向所有为本套书的出版付出辛勤劳动的老师们表示衷心的感谢。

我们期望本套书能够为广大中学生开展研究性学习提供有益参考，引领他们踏上探索科学奥秘、培养创新精神的旅程。愿每一位读者都能通过本书，发现学习的乐趣，探索科学的奥秘！

编者水平有限，难免有误，请读者批评指正。

编　者

目 录

0 绪　论

如何使用本书

当你翻开这本书，你将踏上一段伽利略时代的奇妙冒险之旅！本书向你发出“地月测距挑战”，邀请你分析各种地月测距案例，并自主设计一套测量地月距离的方法。

让我们一起了解本书的结构吧！

首先，你将拿到一份地月测距挑战书。这里将介绍任务的总体目标和你需要完成的各项挑战，帮助你做好准备迎接接下来的科学探险。

第一个研究问题是“伽利略时代背景”。在这一部分，你将深入了解伟大的天文学家伽利略，探索文艺复兴时期欧洲的社会与文化背景，以及当时天文观测仪器和技术的发展历程。通过了解历史背景，你将更好地理解地月测距的重要性和科学进步的过程。

第二个研究问题是“什么是三角函数？”在这里，你将学习三角函数的重要性。了解它们不仅在古希腊的地理学中有广泛应用，还在天文学中发挥关键作用。通过具体的例子和练习，你将掌握三角函数的基本知识，为后续的地月测距打下坚实的数学基础。

第三个研究问题是“如何测量地球与月球的直径？”通过这一部分的学习，你将掌握如何科学地测量地球和月球的直径。我们将介绍多种测量方法，并通过实验和计算，揭开天文学的奥秘，帮助你理解天体测量的基本原理和技术。

接着是地月测距案例分析。这部分将带你回顾文艺复兴前后以及现代的地月测距方法。通过对比不同历史时期的方法，你将感受到地月测距技术的进步与演变。每个案例都配有详细的分析和思考题，帮助你加深理解并培养批判性思维。

最后是地月距离测量方案设计。这是展示你创造力和所学知识的时刻。运用前面所学的理论和方法，设计一套属于你自己的地月距离测量方案。你将有机会提出创新的测量方法，并通过实际计算验证其可行性，最终完成你的科学探险项目。

什么是研究性学习

研究性学习也叫项目式学习（Project-Based Leaning，PBL），是一种可以帮助你更好地掌握知识的学习方法（见图 0-1）。研究性学习和传统的课堂教学不同，它更注重让你亲自实践，通过完成项目来学习知识和技能。在这个过程中，你可以更深入地探究实际问题，发挥个人和团队的能力，从而更好地获取知识和运用技能（见图 0-2）。

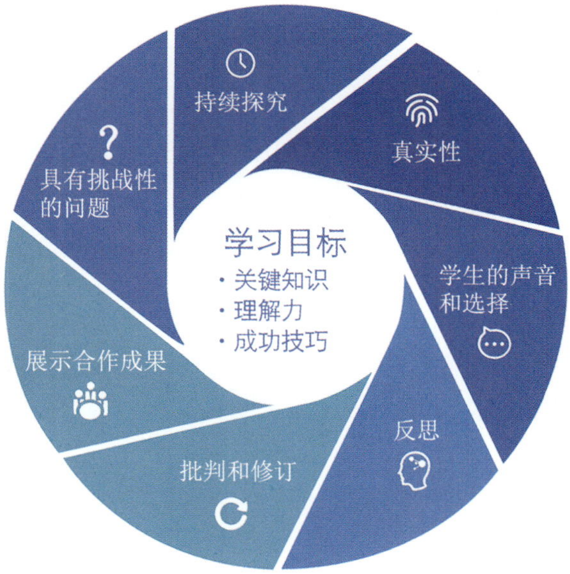

▲ 图 0-1 研究性学习方法

首先，研究性学习可以培养你的创造力，提高你解决问题的能力。在这种学习模式中，你需要自主选择和解决问题，不断进行探究和思考。同时，你还需要创新性地寻找最佳解决方案。

其次，你会发现研究性学习让你对学习充满兴趣。相比传统的课堂教学，研究性学习更贴近生活和实际问题，能够激发你的好奇心和求知欲，因为亲身参与和贡献，你会获得成就感和满足感。

最后，研究性学习可以提高你的团队合作能力。在项目式学习中，你需要与同伴合作完成任务，通过团队协作来实现共同目标。在这个过程中，你会学会如何相互配合、协调和沟通。同时，你也会意识到自己的学习和行动对社会有着一定的影响和责任，从而增强社会责任感。

举例来说，老师设计了一个“城市环境改善”项目，让你和同学一起解决改善城市环境的问题。你们可以组成团队，选择一个具体的环境问题，如垃圾分类、空气污染防治等，然后设计解决方案并实施，最后进行评估和总结。在这个项目中，你需要进行调研、分析和创新，通过团队协作来实现改善环境的目标，同时对环境保护和社会责任有更深的认识。

在这个信息爆炸的时代，你需要更多的自主能力和探究能力，而研究性学习正是为提高这两项能力而设计的。这种学习方法不仅有利于提高你的学习效果，也能够帮助你更好地适应未来社会的需求。

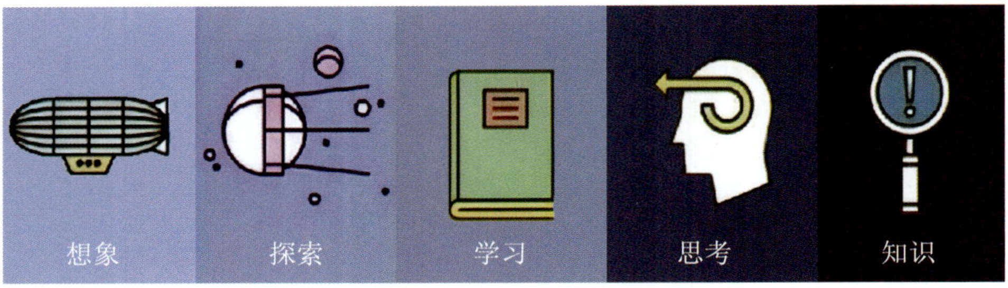

▲ 图 0-2　研究性学习要素

什么是工程设计流程

当工程师需要设计一个新产品或解决一个问题时，他们将使用工程设计流程（Engineering Design Process）来实现目的。工程设计流程是一种系统性的方法，用于设计、开发和实施各种产品或解决方案（见图 0-3）。这个过程包括以下步骤：

1. 定义问题

工程师会对他们想要创建的东西提出关键性问题，无论是摩天大楼、游乐园设施、自行车还是智能手机。这些问题包括：想要设计什么？面向的用户是谁？想要实现什么目标？项目的要求是什么？有哪些限制条件？

2. 研究问题

在这一步骤中，工程师需要调查并了解与要解决的问题相关的信息和数据，

例如市场研究、竞争分析和技术调查。

3. 设计解决方案

通常，工程师将与团队一起集思广益，开发尽可能多的解决方案。

4. 选择最佳方案

对于许多工程师来说，这是最困难的一步！重新审视早期步骤中的需求、限制目标，选择一个最佳解决方案并制订计划继续推进。

5. 建造原型

构建一个可用于测试和验证方案的原型。

6. 测试与评估

对原型进行测试和评估，确定其是否符合要求，是否有效，是否解决了问题。传达结果并获得反馈，分析并讨论哪些方面有效，哪些方面无效，以及哪些方面可以改进。如果不能满足需求，将重新设计或改进方案。

7. 改进

讨论如何改进解决方案并进行修改，确定新的设计方案。

迭代方案，使设计出来的产品变得更好。

8. 成果展示

把我们设计好的成果展示给其他人吧！

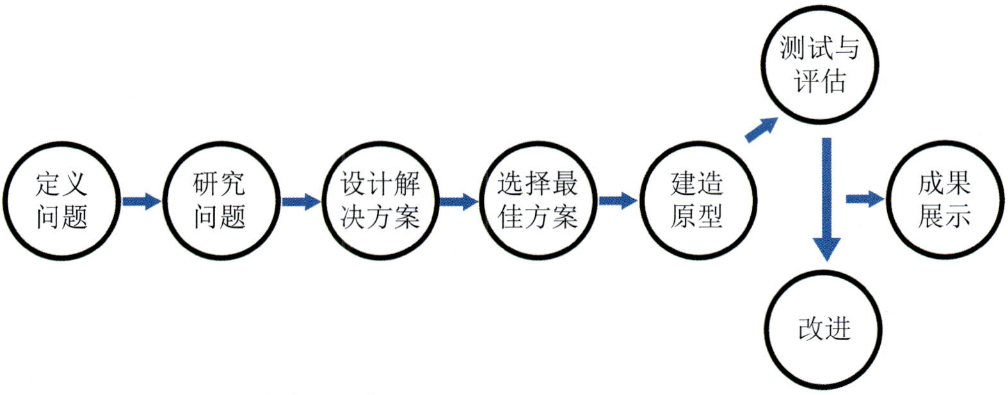

▲ 图 0-3　工程设计流程示意图

假设我们要设计一辆自行车。首先，你需要了解用户需求和限制条件，例如自行车应该是什么样子的，能够适应什么样的道路，什么样的人可以使用它，等等。接下来，你需要调查市场上已经存在的自行车类型，看看它们的优点和缺点，并研究哪些技术可以用于我们设计的自行车。然后提出创意，设计出各种不同类型的自行车，如山地车、公路车等。你还需要评估每个设计的优缺点，最终选择最能满足用户需求的自行车类型。最后，你可以建造原型并进行测试和评估，以找出设计的问题和优缺点，并进行改进和再设计，直到自行车符合我们的目标需求。

什么是科学探究流程

科学探究流程是一种基于证据和实验的探究方法，旨在解决和回答科学问题（见图 0-4）。这种方法可以应用于各种不同的领域，包括自然科学、社会科学、工程和技术等。

下面详细介绍每个步骤的内容：

1. 提出问题

这是科学探究流程的第一步。在这一阶段，需要思考你感兴趣的话题，并提出一个值得调研的问题。问题应该是明确而具体的，并且能够通过实验或观察来回答。

2. 查阅资料与调研

在回答问题之前，你需要进行相关的背景调研。这可能包括查找资料、阅读有关文献或与专家进行交流。这将帮助你了解问题的背景和相关信息，以便更好地设计和进行实验。通常，你要与其他团队成员一起集思广益，开发尽可能多的解决方案。

3. 提出假设

根据研究，你可以提出一个可以被测试的假设。这个假设是对问题答案的预测，并且需要明确描述认为会发生的结果以及原因。假设应该基于实证证据，并且应该是可验证的。

4. 进行实验

在这个阶段，你需要设计并做实验来检验假设。需要仔细规划实验，以确保可以收集到可靠的数据，这个过程需要遵循实验的规则和原则（如科学可行性原则、对照与均衡性原则、随机性原则、可重复性原则）。还需要记录实验方法、结果和分析，以便进行后续分析的总结。

5. 分析数据

你需要对实验数据进行分析，以确定它们是否支持假设。需要使用统计学方法（比如图表、数学方法、集中趋势分析、离中趋势分析、相关分析等）来分析数据，并且需要详细记录分析过程，以便结论是可重复的和可验证的。

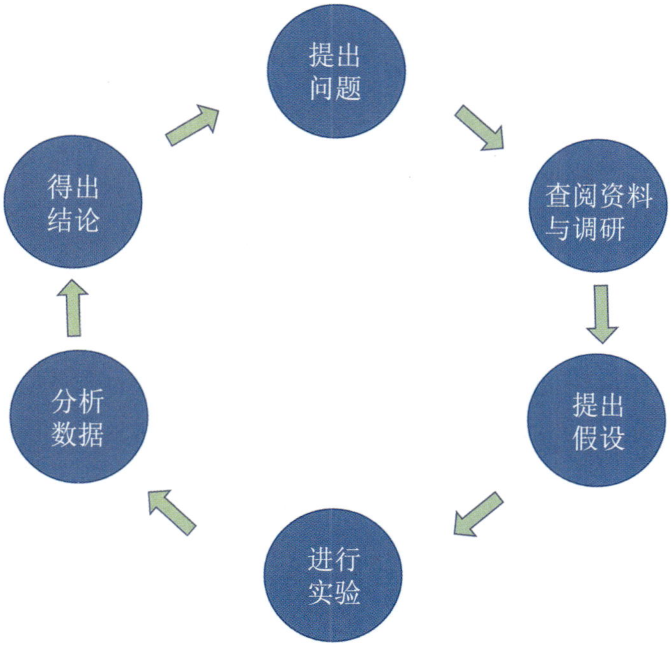

▲ 图 0-4　科学探究流程图

6. 得出结论

你需要使用所得数据和分析结果来得出结论，并确定假设是否被证实。如果需要，可以回到前面的步骤重新进行研究或调整假设。

通过这些步骤，科学家可以发现新知识、解决问题并提出新的理论和概念。科学探究流程是一套系统化的方法，可以帮助你进行有效的科学探究，并在解决问题的同时发现新的奇妙之处。

举个例子，如果你想探究植物生长的要素，则可以按照如下科学探究流程进行：

（1）提出问题。例如，“植物生长需要什么条件”或“植物在不同条件下的生长情况是否有所不同”。

（2）查阅资料与调研。查阅相关文献、观察实验室中的植物，以了解植物生长的要素。

（3）提出假设。针对问题提出一个假设，例如，“植物在富含营养的土壤中生长得更好”或“充足的阳光能够促进植物生长”。

（4）进行实验。设计实验并收集数据，例如，为植物提供不同种类的土壤、水和光照条件，然后记录植物的生长速度、高度等指标。

（5）分析数据。对实验结果进行统计分析，并确定哪些因素对植物的生长有影响。

（6）得出结论。根据数据分析得出结论，例如“在富含营养的土壤中植物生长得更好”或“充足的阳光能够促进植物生长”。

实验结束后可与同学分享实验结果，让其他人了解你的实验过程和实验成果，并听取他们的反馈和建议。还可将实验中的每个步骤重复多次，以确保结果的准确性和可靠性，并在必要时修改假设和实验设计。

如何查阅资料

当你在进行研究性学习时，查阅资料是必不可少的一个环节。它可以帮助我们了解背景知识，找到相关信息，拓展思路，从而去支持观点。那么，如何查阅资料呢？

首先，要明确自己的课题是什么，研究目的是什么，有什么问题。这样可以帮助我们确定查阅资料的范围和方向。你可以用一句话概括自己的课题，然后把它分解成几个关键词或短语，作为搜索的依据。

其次，要选择合适的资料来源。除了参照本书中已经提供的资料，你还可以参考其他资料来源，比如图书馆、网络、报纸杂志、专家访谈等。不同的资料来源有不同的特点和优缺点，我们要根据自己的课题和需要，选择最适合的资料来源。一般来说，图书馆是一个比较权威和全面的资料来源，它提供了各种类型和不同领域的图书、期刊等。网络是一个比较方便和快捷的资料来源，它提供了海量的信息，但要注意甄别信息的真实性和可靠性。报刊是一个具有时效性的资料来源，它提供了最新的动态和观点，但要注意区分事实和评论。专家访谈是一个比较深入和专业的资料来源，它能够提供第一手的数据和经验，但要注意尊重专家的时间和意愿。

最后，要有效地利用资料。查阅资料不是为了堆砌材料或抄袭别人的观点，而是为了增加我们自己的知识和见解，为自己的课题提供支撑和证据。我们要学会批判性地阅读资料，分析资料的内容、结构、观点、论据等，找出对自己有用的信息，并用自己的话进行归纳、总结、引用、注释等，还要注意记录资料的出处和引用方式，以便于后续的参考和引用。

如何写参考文献

参考文献是一种在学术写作中表明作者观点和注释论据来源的方式。参考文献可以帮助你增强论文的可信度和权威性，也可以避免抄袭的指控。参考文献有不同的规范和格式，例如 APA、MLA、Chicago 等，你需要根据你的学科和老师的要求选择合适的一种。一般来说，参考文献包括两个部分：正文中的引用和文末的参考文献列表。

正文中的引用是指在你引用或者改写别人的观点或者数据时，在括号里注明原作者和出版年份，例如（王一，2020）。正文中的引用可以让读者知道你的信息来源，并且可以在参考文献列表中找到更多细节。

文末的参考文献列表是指在你的论文最后列出所有你引用或者改写过的资料的完整信息，例如作者、书名、出版社、出版地、出版年份等。参考文献列表可以让读者查阅你所使用的原始资料，并且可以验证你的引用是否准确。参考文献列表的排列顺序和格式也要根据你所使用的规范来确定，例如按照作者字母顺序或者出现顺序排序，是否使用缩进格式等。

那么，如何找到可靠且合适的参考文献呢？这里有一些常用的方法：

（1）利用图书馆或者网络数据库搜索相关主题或者关键词，找到与你的论题相关的书籍、期刊论文、报告等。

（2）阅读你所找到的资料，并且注意其中是否有提到其他有价值的资料，例如脚注、引用、参考书目等。

（3）评估你所找到的资料是否符合要求，例如是否有作者、出版日期、出版社等信息，是否有足够的证据和论据支持观点，是否有偏见或者错误等。

（4）记录你所使用资料的完整信息，并且按照规范格式编辑你的引用和参考文献列表。

写参考文献是一项重要而且必要的学术技能，它可以帮助你提高写作水平和学术素养。

准备好了吗？带上你的好奇心和冒险精神，一起踏上这段令人兴奋且充满发现的挑战之旅吧！通过本书，让我们一同探索地月测距的奥秘，一起去设计，一起去发现，一起去探究。

1 任务发布

挑　战　书

在 16 世纪，人类的科学和技术发展迅速，天文学也成为当时科学领域的热门话题。在伽利略所处的时代里，天文学家们尝试着用自己的观测和实验，揭示太阳系中的各种现象和规律，测量地球和月球的距离就是他们想解决的一个问题。

在本次研究性学习课程中，你将扮演一位天文学家，回到 16 世纪，尝试测量地月距离。你将学习和掌握科学实验的基本设计和分析方法，了解如何收集、整理和处理数据，以及如何进行数据分析。你需要在实验过程中运用数学技巧和科学方法，不断调整你的实验方案，直到最终得到准确的地月距离测量值。

通过这个项目，你不仅会了解 16 世纪天文学家们的科学研究方法和技术水平，还将收获创新思维和科学精神，领悟到科学研究的重要性，了解如何用科学的眼光看待世界。

让我们一起回到伽利略的时代，成为天文学家，测一测地球与月球之间的距离吧！

任 务 单

首先，我们需要分析任务，明确问题。

（1）用你自己的话来描述任务的内容。（你需要做什么？）

（2）为了更好地完成任务，你需要具备哪些基础知识？

（3）如何确定你的设计是成功的？

2 研究问题Ⅰ：伽利略时代背景知识

伟大的天文学家伽利略

伽利略·伽利莱（Galileo Galilei，1564—1642）是一位意大利物理学家、数学家、天文学家和哲学家，被公认为现代科学的奠基人之一（见图 2-1）。他的贡献和成就对于今天的科学和技术具有非常重要的影响。

伽利略于 1564 年 2 月 15 日出生于意大利比萨。在父亲的期望下，他于 1581 年进入比萨大学学习医学。然而，他在大学期间并没有对医学产生浓厚的兴趣，反而热衷于数学和自然哲学。因此，在 1589 年，伽利略放弃了学习医学并离开了比萨大学，没有取得学位。幸运的是，伽利略有出色的数学才华，在友人

▲ 图 2-1 伽利略

图片来源：Tell

的帮助下，他于同年 11 月获得了在比萨大学执教的机会。

在 1591 年，伽利略的父亲去世了，作为家中的长子，之后他毅然承担起了家庭的重担。为了增加家庭收入，伽利略于 1592 年 9 月接受了威尼斯共和国帕多瓦大学的聘请，成为该校的数学教授。帕多瓦大学作为当时欧洲极负盛名的学术中心之一，为伽利略提供了一个卓越的科研与教学环境。在这里，他的研究工作取得了许多新的突破，比如他巧妙地利用物体热胀冷缩的特性，发明了最初的温度计。在帕多瓦大学任教期间，伽利略不仅专注于数学教学，还深入钻研物理学、天文学和力学等多个领域。他充分利用课余时间进行科学实验，不懈地探索自然界的奥秘。

在 1608 年 9 月，荷兰有人发明了一种可以将物体放大 3 倍的"望远镜"，并申请了专利。然而，在审查期间，由于其他人也提出了专利申请，因此这种望远镜并没有被授予专利。这项发明于次年春天传到了巴黎。伽利略通过巴黎的一位朋友从市场上购买了这个望远镜，并为了增加收入而努力改进了它的放大倍率。他很有技巧地磨制镜片，同年 8 月，他已经将放大倍率改进到了 8~9 倍，做出了伽利略望远镜（spyglass，见图 2-2）。

于是，在 1609 年 8 月下旬，他邀请了威尼斯共和国总督和议员们，在威尼斯港口的高塔上展示了伽利略望远镜的功能。他让一艘船由远处全速驶向港口，在伽利略望远镜观察到两小时后，高塔上的人才能以裸眼看到。伽利略望远镜对维护威尼斯港口安全、防止海盗入侵具有重要价值，让与会宾客印象深刻。

在 1609 年 11 月，伽利略已经将伽利略望远镜改良到放大 20~30 倍物体，并开始将其应用范围从地球表面扩展至星际空间。通过这个望远镜，伽利略发现月球表面并不像古希腊天文学家所认为的那样平滑均匀，而是有山谷和山脉等不规则地形。同时，他还观测到了木星的卫星，发现它们在木星周围的轨道上运动，而不是在

地球周围的轨道上运动。这个观测结果表明，天体并不一定都是绕着地球旋转的，而是在空间中各自运动，从而证明了地球会自转。

伽利略将观测结果整理为《星际信使》(*Sidereus Nuncius*)一书，并在1610年出版(见图2-3)。此书将天文学由裸眼观察带入望远镜观察时代，使得伽利略成了现代天文学的奠基人。

◀ 图 2-2　伽利略望远镜

▼ 图 2-3　伽利略在《星际信使》中绘制的月面图

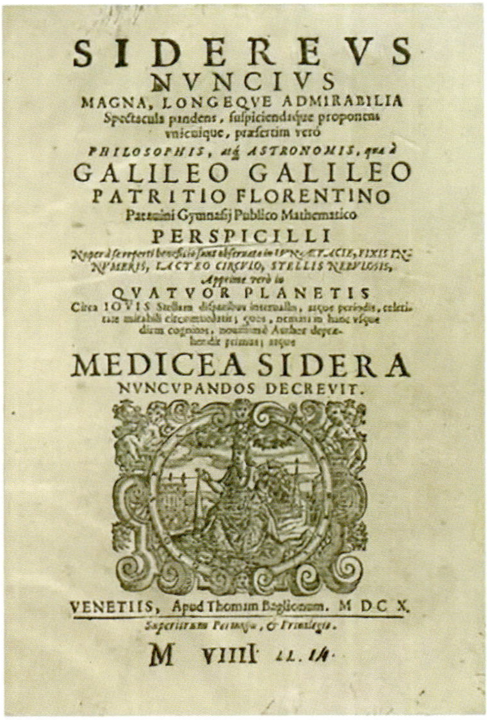

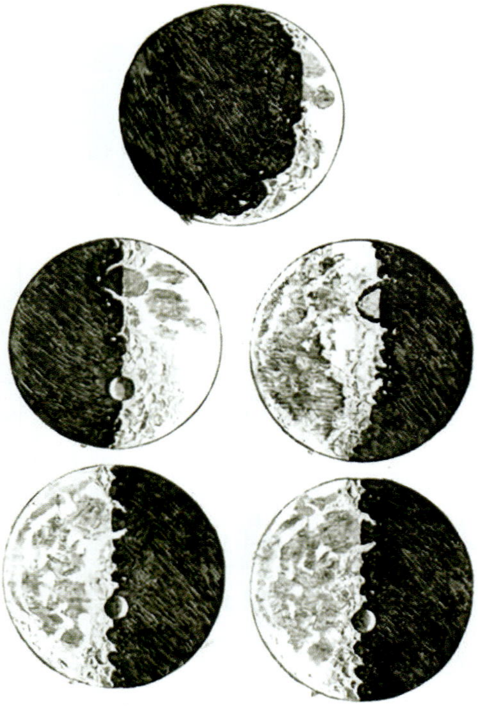

文艺复兴时期的欧洲社会和文化

文艺复兴运动起源于14世纪末的意大利。在这一时期，意大利迅速崛起，商业、手工业和文化艺术蓬勃发展，孕育出了一批自由思想家、文化精英和艺术家。他们对古典文化、自然科学、人类价值及本质的探索与追求，逐渐营造了一种全新的思想与文化氛围，为文艺复兴的兴起奠定了坚实的基础。

文艺复兴时期，各个领域均取得了非凡的成就。在文学领域，人文主义诗人但丁（Dante Alighieri）的《神曲》（*Divina Commedia*）被公认为世界文学的瑰宝，它通过对地狱、炼狱和天堂的细腻描绘，展现了人类灵魂的救赎之路和自我超越的渴望。薄伽丘（Giovanni Boccaccio）的《十日谈》（*Decameron*）以其生动的叙述和丰富的细节，生动地反映了当时社会的多样风貌，深刻揭示了人性的复杂与多面。

文艺复兴时期的文学繁荣并不仅限于意大利，其影响力迅速波及整个欧洲，促进了各地文学的蓬勃发展。在英国，威廉·莎士比亚（William Shakespeare）无疑是这一时期最为杰出的文学巨匠，他的戏剧作品如《哈姆雷特》《奥赛罗》《麦克白》及《罗密欧与朱丽叶》等，不仅因复杂的角色塑造和深刻的情感描写而著称，还鲜明地体现了人类的价值与尊严，同时犀利地批判了社会现实的阴暗面。

文艺复兴时期的文学创作，在形式上勇于创新，在思想内容上则深刻体现了人文主义的核心理念，即关注人的价值与尊严，强调个体的独立性与创造性。这一时期的作家们，通过诗歌、小说、戏剧和散文等多种文学形式，表达了对人生意义的深刻探索、对社会现状的敏锐洞察以及对人类本质的哲学思考。他们的作品不仅极大地丰富了文学的表现手法，更为后世文学的发展提供了丰富的思想资源与宝贵的艺术借鉴。

在艺术领域，这一时期的艺术家们摆脱了中世纪神学的桎梏，以人文主义为核心，勇敢地探索自然之美、人体之美以及人性的深刻表达。

在绘画方面，透视法的精妙运用极大地增强了画面的空间感，而色彩与光影的巧妙融合则赋予了作品前所未有的生动与真实感。达·芬奇、米开朗基罗、拉斐尔（见图 2-4）等艺术巨匠的作品，不仅成为了后世学习的典范，更在追求技巧完美的同时，深刻融入了人文主义的思想与情感，使作品具有了跨越时代的生命力。

雕塑艺术同样在这一时期取得了显著进步，艺术家们对人体结构的研究达到了前所未有的深度，他们的作品不仅展现出强烈的力量感与生命力，还蕴含着对人性深刻的洞察与理解。

此外，建筑领域也迎来了文艺复兴风格的鼎盛时期，古典美学与现代技术的完美结合，催生出了一系列既宏伟壮观又优雅和谐的建筑杰作，如佛罗伦萨大教堂、圣彼得大教堂等，至今仍让人叹为观止，成为人类文明的瑰宝。

文艺复兴时期的艺术成就不仅极大地推动了欧洲艺术的发展进程，更为后世的艺术创作提供了无尽的灵感与宝贵的经验，其影响深远，历久弥新。

在宗教改革方面，文艺复兴时期的欧洲经历了历史上至关重要的宗教改革运动，这是对罗马天主教会统治的深刻挑战，也是新教派的兴起。马丁·路德是这场运动的先驱，他于 1517 年公开反对罗马天主教会的种种不合理行为，并提出了一系列宗教改革的主张。这些主张包括反对向信徒兜售“赎罪券”及反对教会内部的贿赂行为等。路德的宗教改革思想在欧洲广泛传播，其影响力日益扩大，不仅重塑了欧洲的宗教格局，也为欧洲政治与文化带来了深远的变革。

▲ 图 2-4　文艺复兴时期壁画《雅典学院》，拉斐尔

文艺复兴时期的天文观测仪器和技术

文艺复兴时期不仅在文化和艺术领域留下了深刻的印记，在科学领域也同样取得了辉煌的成就。天文学作为这一时期的重要学科之一，受益于众多伟大科学家的杰出贡献和先进观测技术的推动，实现了飞速的发展。

尼古拉·哥白尼在 1543 年提出了“日心说”。而在当时占据主流的观点是克劳狄乌斯·托勒密的地心说，该学说认为地球是宇宙的中心，所有其他天体均围绕地球旋转。哥白尼的日心说则直接挑战了这一权威观念，提出地球是围绕太阳运动的一颗行星。在哥白尼的日心说模型中，地球是一个行星，绕着太阳运动。然而，哥白尼仍然假设行星的轨道为完美的圆形（见图 2-5）。

在哥白尼的时代，由于缺乏现代科学工具和技术，他的理论难以得到直接验证。到 1609 年，伽利略·伽利莱对望远镜进行了重大改良，并借助这一工具观测到了木星的卫星、金星相位的变化等现象，从而为日心说提供了有力的证据支持。与此同时，约翰内斯·开普勒（Johannes Kepler）在1609年至1619年间，深入分析了丹麦天文学家第谷·布拉赫遗留下的丰富数据，并据此研究了行星的运动轨迹，最终归纳出开普勒三定律，其中首次提出行星轨道是椭圆形的概念，解释了行星运行速度的变化以及它们与太阳之间距离的不断变化。这些定律为牛顿的万有引力定律提供了关键数据和理论基础，对天文学和物理学的发展产生了深远的影响。

▲ 图 2–5　哥白尼：日心说

在这一时期，天文学家们主要依赖望远镜和天球仪等观测工具进行天文研究。伽利略对望远镜的改进无疑为天文学开辟了新的篇章，使得天文学家能够更清晰地观测到遥远星体和行星的细微变化。

另一种重要的天文观测仪器是天球仪，它能够模拟天球并显示所有星体的位置和运动。使用天球仪，天文学家可以模拟星体的运动和位置，并将其与真实天空进行比较。天球仪通常由一个球形框架和一个内部旋转的星图组成，用来表示天空中所有星体的位置和运动（见图2-6）。

文艺复兴时期的时间计量技术也取得了巨大的发展。当时，机械钟表的精确度有了显著提高，这对于天文学家的观测和计算至关重要。机械钟表能够提供比沙漏更为稳定和准确的时间测量，帮助天文学家记录星体运动的精确时间点，从而进行更准确的轨道计算和分析。这一时期的科学方法也在不断发展，强调实验验证和数学描述，推动了科学研究的系统化和精确化。

总的来说，文艺复兴时期的天文观测仪器和技术在继承传统的基础上不断创新和发展，为天文学的进步提供了重要的技术支持。这些仪器的发明和应用不仅推动了天文学理论的建立和发展，还促进了科学与人文的交融，为后来的科学革命和人文科学的发展奠定了坚实的基础。文艺复兴时期的科学成就极大地丰富了人类对宇宙的认识，推动了现代科学的形成，彰显了人类追求知识和真理的永恒精神。

▲ 图 2-6　天球仪

文艺复兴时期其他技术的发展

在医学领域，安德烈亚斯·维萨里（Andreas Vesalius）通过对人体解剖的详细研究，揭示了许多关于人体结构的新知识，并纠正了古代医学家的一些错误观念。他的著作《人体的构造》（*De Humani Corporis Fabrica*）被视为现代解剖学的奠基之作。

在物理学领域，伽利略不仅在天文学上取得了重要成就，他在力学领域的研究也同样具有开创性。他通过实验验证了自由落体定律，提出了惯性定律，为后来的牛顿经典力学奠定了基础。

在化学领域，炼金术逐渐向现代化学过渡，罗伯特·波义耳（Robert Boyle）通过实验研究，提出了波义耳定律，揭示了气体的体积和压力之间的关系。这一时期，实验科学的方法逐渐确立，为现代科学方法论的发展铺平了道路。

姓名:________________　　日　　期:____________　　班级:________

记　录　纸

伽利略折射式望远镜

拓展阅读

伽利略折射式望远镜采用凸透镜作为物镜，凹透镜作为目镜。其工作原理如下：从远处射来的平行光线，经过物镜（凸透镜）后，会聚在物镜的焦点附近，形成一个倒立、缩小的实像。由于这个实像位于目镜（凹透镜）的后焦点外，因此对于目镜而言，实像是一个虚物。经过目镜后，光线会发散，形成一束平行光线。进入人眼后，平行光线在视网膜上形成一个正立、放大的虚像，这就是我们在望远镜中看到的影像（见图 2-7）。

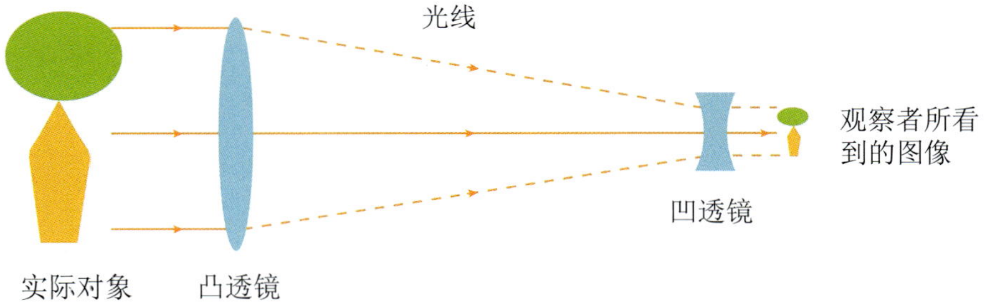

▲ 图 2-7　伽利略折射式望远镜光路示意图

伽利略折射式望远镜的优点是可以看到正立的影像，而且结构较为简单。它的缺点是视野较小，而且存在色差的问题。之所以会产生这个问题，是因为不同波长的光线（即不同颜色的光）经过透镜时聚焦位置不同，导致影像出现模糊和色彩失真。

开普勒折射式望远镜

开普勒折射式望远镜的目镜和物镜均采用凸透镜，由德国天文学家约翰内斯·开普勒于1611年发明。

该望远镜的物镜是一个大的凸透镜，可以收集远处物体发出的光线，并将这些光线聚焦于一个焦点。这个焦点位于物镜的焦平面，也是目镜的物平面。目镜是一个小型的凸透镜，能够将物镜焦平面上的实像再次放大，并将其投射到人眼或其他探测器上。观测者通过目镜看到的影像是一个倒立且放大的虚像（见图2-8）。

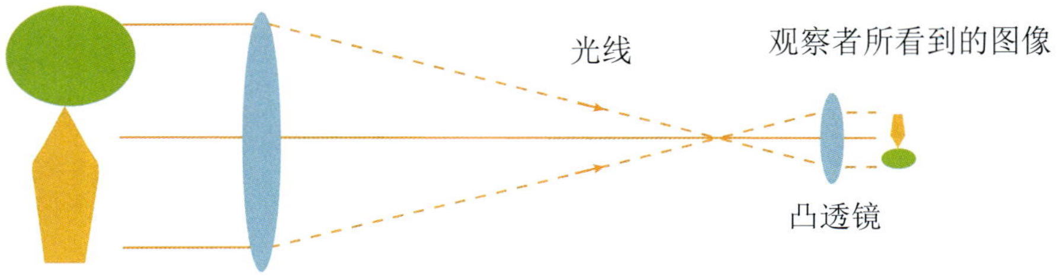

▲ 图2-8　开普勒望远镜光路示意图

开普勒折射式望远镜的优点是视野较宽广，且具有较大的放大倍数，适合进行天文观测。它的缺点是存在色差问题，即不同波长（颜色）的光线在通过透镜时会发生不同程度的折射，导致光线聚焦的位置不同，从而造成图像失真。为了减少色差，通常使用特殊的低色散玻璃或复合透镜（由不同折射率的玻璃材料组合而成），通过减小不同波长光线的分散，来提高成像质量。

牛顿反射式望远镜

牛顿反射式望远镜是一种利用反射镜来收集和聚焦光线的望远镜，由英国科学家艾萨克·牛顿于1668年发明。它的主要优点包括无色差、成本较低以及口径较大，非常适合用于观测深空天体。

该望远镜的主镜是一个凹面反射镜，通常是抛物面形状。主镜可以将平行入射的光线反射至一个焦点，焦点位于主镜的焦平面。主镜的口径决定了望远镜的光采集能力，口径越大，望远镜能够收集到的光线就越多，观测到的天体也越亮且越清晰。

牛顿反射式望远镜的副镜是一个平面反射镜，通常安装在主镜筒的上方，并与主镜筒的轴线成45°角。副镜的作用是将主镜反射的光线再次反射至目镜处，改变光线的传播方向，以便观察者能够方便地观察到成像（见图2-9）。

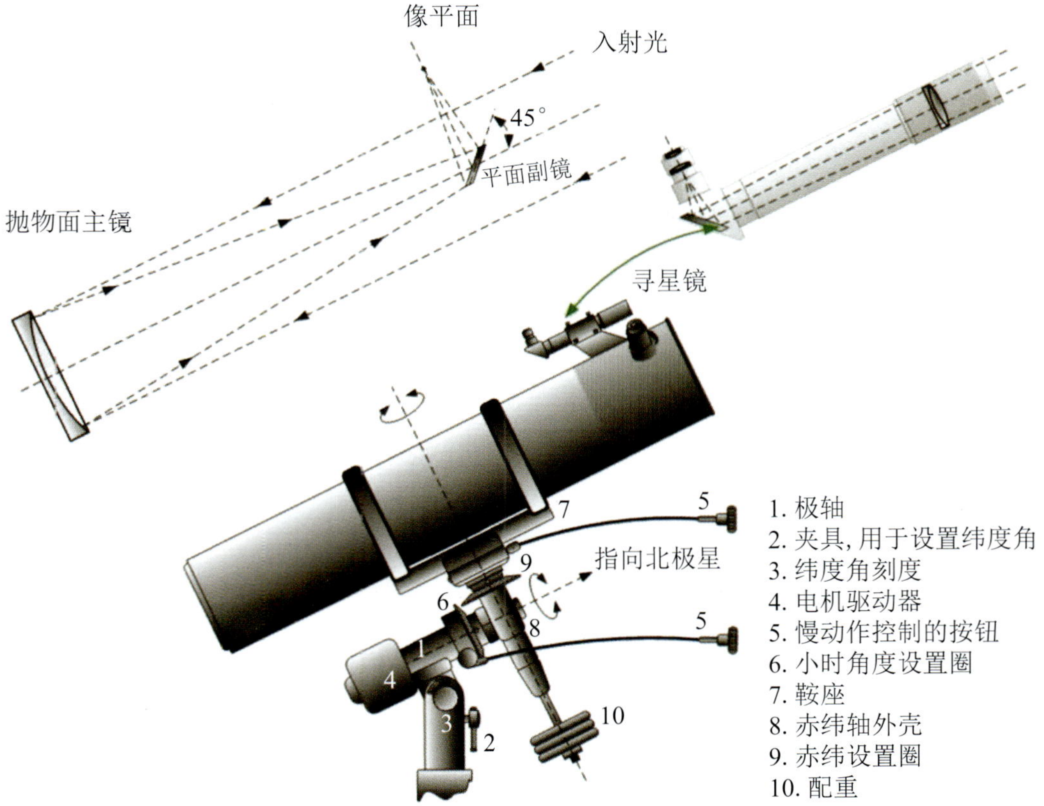

▲ 图2-9　牛顿反射式望远镜光路示意图及零件图

望远镜的目镜是一个小型凸透镜，安装在主镜筒的侧面，并与副镜垂直。目镜的功能是将副镜反射的光线放大，形成一个倒立的实像。目镜的焦距决定了望远镜的放大倍数，焦距越短，放大倍数越高。

牛顿反射式望远镜的工作原理如下：当我们观察遥远的天体时，天体发出或反射的光线可以近似为平行光线。这些平行光线进入主镜筒，并被主镜以相同的角度反射至一个焦点。这个焦点就是主镜的焦平面，也是望远镜的物平面。

在主镜的焦平面上，每个点光源都代表一个天体或其细节。这些点光源发出的光线继续向前传播，并被副镜以相同的角度再次反射到目镜处，这时光线的传播方向发生了 90° 的改变。

光线经过目镜的凸透镜后，会被折射进入人眼或相机中。在目镜处，光线将物平面上的实像放大，并形成一个倒立的实像。这个实像就是我们通过望远镜看到的天体或天体的细节。通过调节目镜的位置，我们可以改变目镜与物平面的距离，从而改变图像的清晰度和放大倍数。当目镜和物平面的距离等于目镜的焦距时，成像最为清晰，此时的放大倍数等于主镜的焦距与目镜焦距的比值。

恒 星 时

恒星时是一种基于恒星在天球上的自转运动的时间系统。由于地球的自转轴相对于远处的恒星保持相对稳定的方向，恒星在天球上似乎以恒定速度运动。一个恒星日是地球自转一周所花费的时间，大约为 23 小时 56 分钟 4.09 秒。

为了更好理解，想象一下今晚你抬头看到一颗明亮的恒星（比如织女星）。当这颗恒星再次回到你的头顶位置时，这之间的时间间隔就是一个恒星日的长度（见图 2-10）。在这段时间内，地球已经完成了一次自转，因此相对于远处的恒星来说，它重新回到了原始的位置。

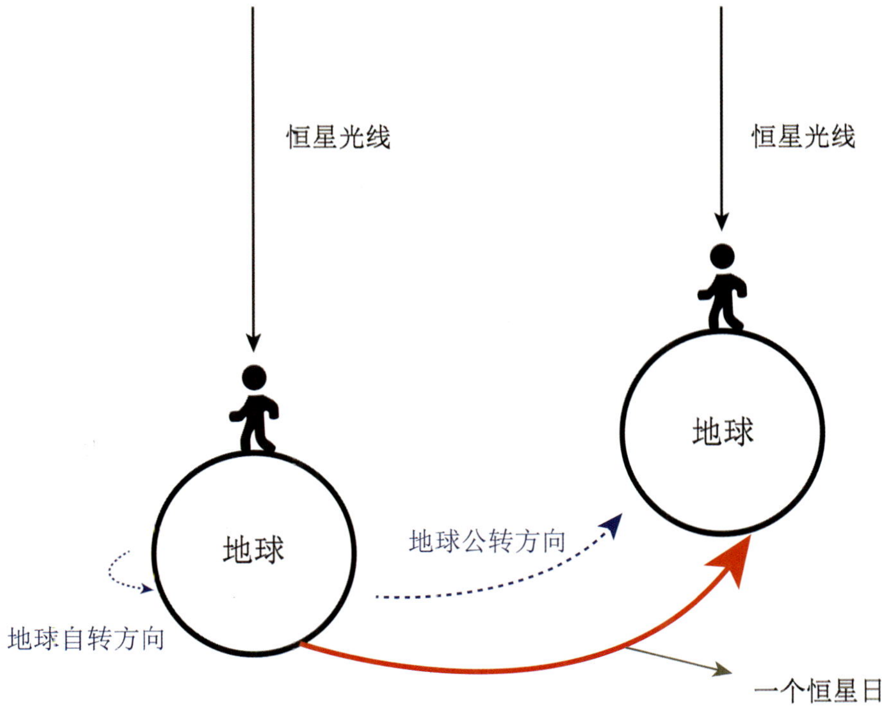

▲ 图 2-10　恒星日示意图

太 阳 时

太阳时是一种以太阳的位置为基准的时间系统，用于测量地球日常的时间。一个太阳日的时长约为 24 小时。为什么太阳日的时长比恒星日的多了大约 4 分钟呢？这是因为地球在绕太阳公转的同时也在自转。

由于地球公转，太阳的位置相对于地球发生变化，导致地球需要额外转动一点，才能使太阳回到同样的位置，完成一个太阳日。这额外的自转时间导致太阳日比恒星日稍长约 4 分钟。

以一个简单的例子来理解，从太阳出现在你正头顶的位置到太阳再次回到你头顶的时间间隔就是一个太阳日（见图 2-11）。由于地球自转的影响，地球需要多转一点才能让太阳再次回到你头顶的位置。

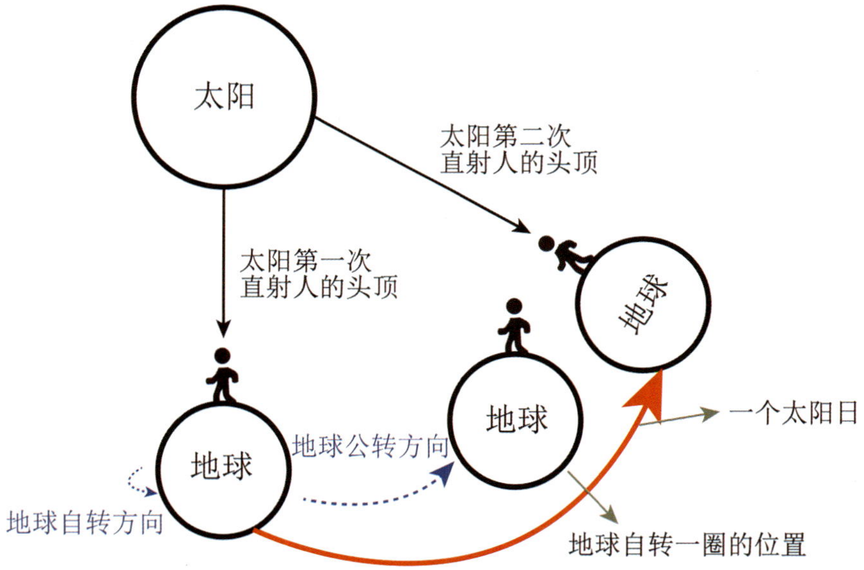

▲ 图 2-11　太阳日示意图

这种差异在日常生活中可能并不明显，但在天文学和日历系统中却需要精确考虑。因此，我们使用太阳时作为基准来划分一天的时间，以适应地球绕太阳的运动。

3 研究问题 II：什么是三角函数

为什么有三角函数?

三角函数是一类描述三角形内角与其对应边之间关系的函数，包括正弦、余弦、正切、余切、正割和余割等。它们的起源可以追溯到古代天文学研究。古时候的人们观测天象，需要计算星体的位置和运动，这一过程促进了三角学的发展。在古希腊和古印度等地，数学家开始研究三角形内角和边长之间的关系，并逐渐发展出三角函数的概念。

在古希腊，三角函数的奠基人是公元前 2 世纪的数学家喜帕恰斯（Hipparchus）。他沿袭了古巴比伦人的做法，将圆周分为 360 等份，并给出了对应角度的弦长数值，这一记法与现代正弦函数的定义相类似。喜帕恰斯实际上编制了最早的三角函数数值表。古希腊的三角学主要集中在球面三角学上，这与古希腊人热衷于天文学研究紧密相关。托勒密在《数学汇编》中计算了 36° 和 72° 角的正弦值，并给出了求和角公式和半角公式的方法（见图 3-1）。

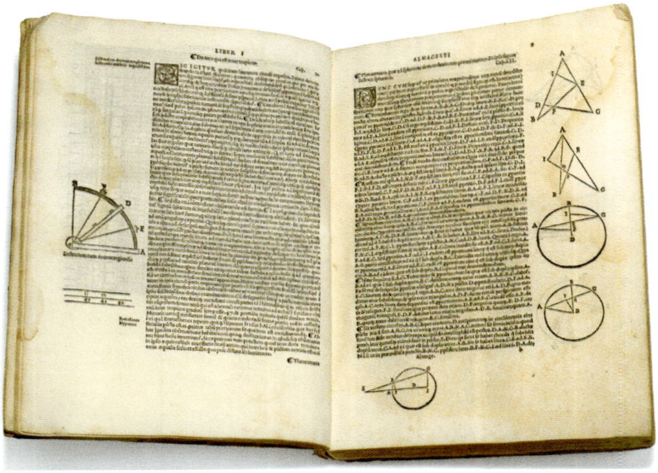

▲ 图 3-1 《数学汇编》

在古印度，三角函数的研究也取得了显著进展。公元 5 世纪左右，阿耶波多（Aryabhata）提出了用弧对应的弦长的一半来定义半弧的正弦，这一做法与现代正弦的定义颇为接近。

到了欧洲文艺复兴时期，雷格蒙塔努斯（Regiomontanus Johannes）、弗朗索瓦·韦达（François Viète）和勒内·笛卡儿（René Descartes）等数学家也对三角函数进行了更深入的研究和探讨。

随着数学的不断发展，三角函数已成为数学、物理、工程等领域中不可或缺的工具，并在计算机图形学、信号处理、自然科学等领域得到了广泛应用。

此外，在现代数学中，三角函数不仅用于描述三角形内角关系，还被广泛用于描述周期性现象，并且能够解决许多实际问题。例如，在电子学中，交流电信号可以用正弦或余弦函数来描述；在声学中，声音信号可以用正弦或余弦函数来模拟；在建筑设计中，桥梁和拱门的形状设计也常借助三角函数来实现。因此，三角函数在现代科技中扮演着至关重要的角色。

三角函数在古希腊地理学中的应用

在古希腊时代，与三角形边长和角度相关的概念已出现，并在天文学和地理学领域有所应用，但尚未形成完整的三角函数体系。当时的地理学关注地球的形状、大小以及各地之间的距离和位置。古希腊学者通过几何与角度测量的方法，为后来的三角学发展奠定了基础。

古希腊地理学家埃拉托色尼（Eratosthenes，约前 276—前 194 年）是利用几何和角度测量手段来推算地球大小的先驱之一。他生活于公元前 3 世纪，认为地球近似球形。埃拉托色尼在亚历山大（今亚历山大港）与赛伊尼（今阿斯旺）进行夏至正午太阳高度的差异观测，通过比较两地间的已知距离与太阳高度角度差异，利用几何比例原理来估算地球的周长。尽管此时完善的三角函数定义尚未建立，但他的工作为日后三角函数在地理测量中的应用提供了宝贵的思想启发。

随着时间的推移，古代天文学家和数学家在研究星体位置与运动时逐渐发展出更系统的三角学方法。到公元前 2 世纪，喜帕恰斯等人编制了弦长表，间接为三角函数的发展铺路。直到后来的希腊和印度数学家进一步完善了三角函数的定义和运算方法，三角函数才真正成为地理学中不可或缺的工具，用于确定两地之间的距离、方向以及海岸线的长度和角度测量等。这些进展为后世的地理测绘、航海探险和科学研究提供了重要的技术支撑。

三角函数在古希腊天文学中的应用

三角函数是天文学家们研究天体运动重要的工具之一。古希腊天文学家喜帕恰斯（见图 3-2）使用三角函数计算出了太阳和月亮的位置和运动轨迹，他是如何做的呢？

首先，喜帕恰斯最重要的天文学工作涉及太阳和月球的轨道，确定太阳和月球的大小和与地球的距离，以及日食的研究。然后，他观测了太阳和月球的运动，并记录了它们的运动速度和方向。通过这些观测，他能够确定它们在不同时间的位置，并计算它们的速度和方向的变化。

然后，他使用了一个基本的三角函数关系——正弦函数，来计算太阳

▼ 图 3-2 “天文学之父”喜帕恰斯

和月亮的位置。正弦函数可以用来计算一个角度的正弦值，也可以用来计算一个角度的大小。

具体来说，喜帕恰斯将太阳或月球的位置表示为一个角度，并使用正弦函数来计算出它们在 x 轴和 y 轴上的坐标。这些坐标可以用来确定它们在天空中的位置。喜帕恰斯还使用了另外一个三角函数——余弦函数来计算它们在 x 轴和 y 轴上的速度和方向。通过使用三角函数，喜帕恰斯能够非常准确地计算太阳和月球的位置和运动轨迹。

不仅如此，喜帕恰斯还使用三角函数计算出了恒星的位置和亮度，研究了恒星的运动规律，这对推动天文学的发展起到了重要作用。

> 算一算：假设日、月、地都是完美的球形，图 3-3 中，R 是太阳的半径，l 是月球的半径，L 是太阳的上顶点到地心连线与太阳中心到地心连线的夹角。已知：$L=25°$，$R=703000$ km，$l=37000$ km，求太阳的上顶点到地心的距离与月球的上顶点到地心的距离。

在喜帕恰斯之后，古希腊数学家梅涅劳斯（Menelaus）在他的著作《球面学》中也使用了三角函数。梅涅劳斯提出了一个著名的三角学定理——梅涅劳斯定理，它描述了球面三角形三个内角之和大于 180° 的规律。为

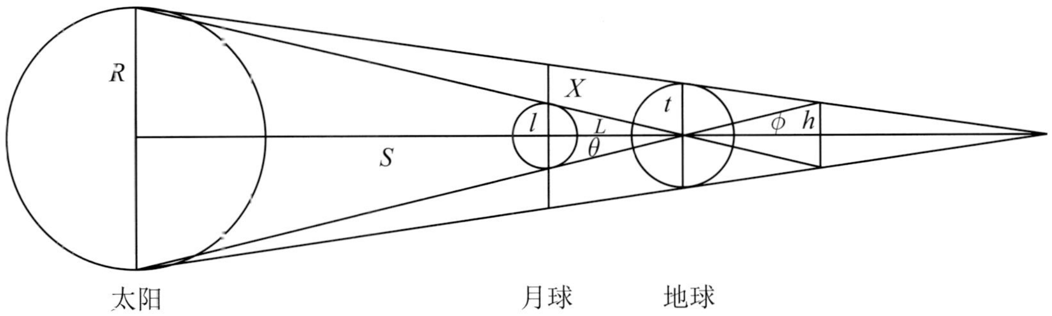

▲ 图 3-3　喜帕恰斯使用的几何结构

了证明这个定理，梅涅劳斯使用了正弦函数来描述球面三角形的内角和外角之间的关系，这是三角函数在天文学中的又一重要应用。

在托勒密时代，古希腊天文学达到了一个高峰。托勒密在他的著作《数学汇编》中详细地阐述了三角函数的应用。《数学汇编》多被认为是古代天文学和数学领域重要的著作之一。托勒密还研究了日月食的发生规律，并利用三角函数进行了精确计算。同时，他还发现了一个关于正弦函数的重要性质，即正弦函数具有周期性。

托勒密是如何利用三角函数计算日食和月食发生时太阳、月亮和地球之间的相对位置关系，并据此预测日食和月食发生时间和地点的呢？

托勒密首先假设太阳、月球和地球都在同一个平面上运动，这个平面叫作黄道面。他用黄经来表示太阳和月亮在黄道面上的位置，黄经是从春分点开始沿黄道顺时针方向测量的角度。他还用黄纬来表示月亮相对于黄道面的高度，黄纬是从黄道面向上或向下垂直测量的角度。他认为月亮的轨道是一个圆形，而太阳的轨道是一个椭圆形，因此太阳和月亮的运动速度会随着位置的变化而变化。

托勒密知道，日食和月食只有在新月或满月时才可能发生，因为这时太阳、月球和地球大致在一条直线上。他用朔望差来表示新月或满月时太阳和月亮的黄经之差，朔望差是从0°到360°之间的角度。他还用交点角来表示新月或满月时太阳和月亮的黄纬之差，交点角是从–90°到90°之间的角度。他发现当朔望差为0°或180°，并且交点角小于一定值时，就会发生日食或月食，

托勒密利用三角函数计算出了日食和月食发生时太阳、月球和地球之间的相对位置关系。他用正弦函数计算出了太阳和月球在天空中的高度角，即从地平线向上测量的角度。他用余弦函数计算出了太阳和月球在天空中的方位角，即从正南向东或向西测量的角度。他还用正切函数计算出了太阳和月球在天空中的距离角，即

从观察者所在地点看到的太阳和月球之间的角度。

托勒密根据三角函数计算出的结果，可以预测出日食或月食发生的时间和地点。他用回归年来表示太阳在黄道上运行一周所需的时间，回归年约为365.25天。他用朔望周期来表示两次新月或两次满月之间所需的时间，朔望周期约为29.53天。他用岁差来表示春分点在黄道上逆时针方向移动所需的时间，岁差约为25800年。他还用章动来表示交点在黄道上顺时针方向移动所需的时间，章动约为18.6年。

托勒密通过回归年、朔望周期、岁差和章动等参数，可以计算出任意一年任意一天任意一时刻太阳和月亮的黄经、黄纬、高度角、方位角和距离角。然后他可以判断是否满足日食或月食的条件，如果满足，就可以进一步计算出日食或月食的类型、持续时间、覆盖范围等信息。托勒密的计算方法虽然有一定的误差，但是在当时已经是非常精确和先进的了。

在古希腊天文学中，最著名的三角函数是正弦函数。这是因为正弦函数被用来描述天体的纬度，即天体与地球赤道平面的夹角。余弦函数被用来描述天体的经度，即天体与地球黄道面的夹角，而正切函数则被用来描述天体的视差，即地球和天体之间的距离和角度之间的关系。

除了在计算和测量方面的应用外，三角函数在天文学中还有着更深刻的意义。古希腊的天文学家们认为，天体之间的运动是由神灵所控制的，而通过三角函数的运用，他们可以更准确地计算天体运动的规律。因此，对于古希腊天文学家来说，三角函数不仅是一种实用的工具，更是一种窥探宇宙奥秘的方式。总之，三角函数在古希腊天文学中的应用可以说是不可或缺的。喜帕恰斯、梅涅劳斯和托勒密等天文学家通过三角函数的运用，为天体运动的计算、测量和理解提供了有力的工具和基础。他们的贡献不仅推动了古代天文学的发展，更为后世的天文学研究奠定了坚实的基础。

拓展阅读

三角函数的基本概念

正弦

正弦是数学中的一种三角函数，它表示直角三角形中一个锐角的对边与斜边的比值。正弦函数是周期性的函数。

在直角三角形中（见图 3-4），如果我们用 α 表示一个锐角，用 a 表示它的对边，用 c 表示它的斜边，那么正弦函数就定义为

$$\sin\alpha=\frac{a}{c}$$

这个比值只取决于角 α 的大小，而不受三角形的形状和大小的影响。因此，我们可以把正弦函数看作一个角度到一个比值的映射。

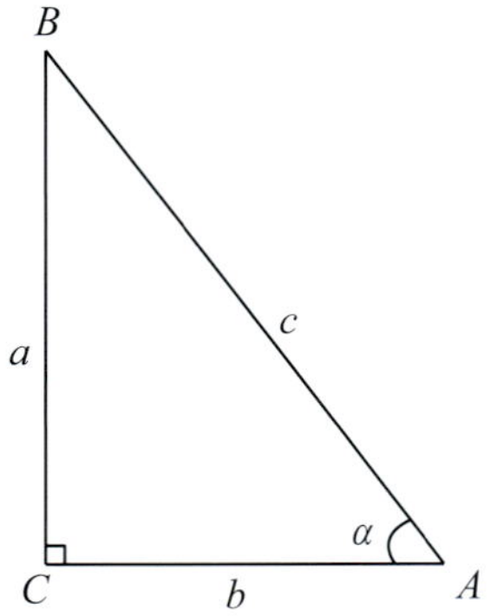

▲ 图 3-4　直角三角形

如果我们把角度 α 作为自变量，把正弦值 $\sin\alpha$ 作为因变量，那么我们可以在平面直角坐标系中画出正弦函数的图像（见图 3-5）。

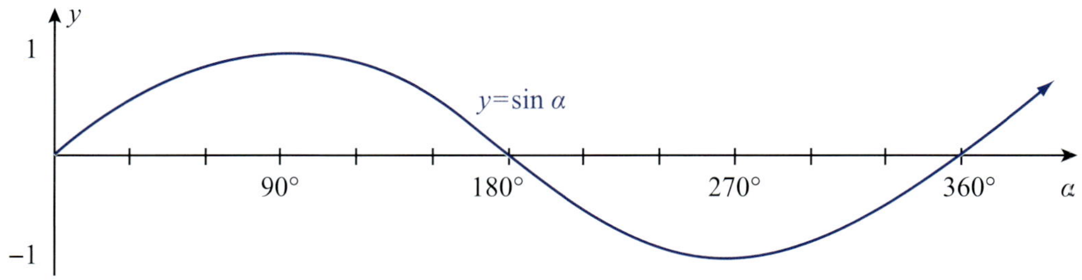

▲ 图 3-5　正弦函数曲线

正弦函数在实际生活中有广泛的应用，例如：在物理学中，正弦函数可以用来描述简谐振动、波动、交流电等现象。

余弦

余弦是三角函数的一种，它表示直角三角形中一个锐角的邻边和斜边的比例。余弦函数同样是周期性的函数。

在直角三角形中，如图 3-4 所示，如果我们用 α 表示一个锐角，用 b 表示它的邻边，用 c 表示它的斜边，那么余弦函数就定义为

$$\cos\alpha=\frac{b}{c}$$

与正弦函数类似，这个比值也只取决于角 α 的大小，而不受三角形的形状和大小的影响。

如果我们把角度 α 作为自变量，把余弦值 $\cos\alpha$ 作为因变量，那么我们可以在平面直角坐标系中画出余弦函数的图像（见图 3-6）。

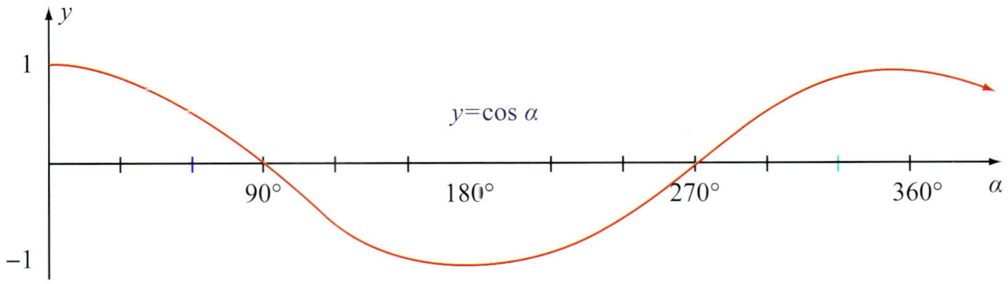

▲ 图 3-6　余弦函数曲线

余弦函数有很多应用，例如：在物理学中，可以用它来计算力的分解、功、能量等；在几何学中，可以用它来计算两个向量的夹角、三角形的面积等；在信号处理中，可以用它来表示周期性的波形、进行傅里叶变换和频谱分析等。

正切

正切是三角函数中的一种，用来描述直角三角形中的角度关系。正切表示一个直角三角形中的锐角的对边和邻边的比值。正切函数同样是周期性的函数，但其周期与正弦和余弦不同。

在直角三角形中，如图 3-4 所示，如果我们用 α 表示一个锐角，用 a 表示它的对边，用 b 表示它的邻边，那么正切函数就定义为

$$\tan\alpha=\frac{a}{b}$$

与正弦和余弦函数一样，这个比值只取决于角 α 的大小，而不受三角形的形状和大小的影响。

如果我们把角 α 作为自变量，把正切值 $\tan\alpha$ 作为因变量，那么我们可以在平面直角坐标系中画出正切函数的图像（见图 3-7）。

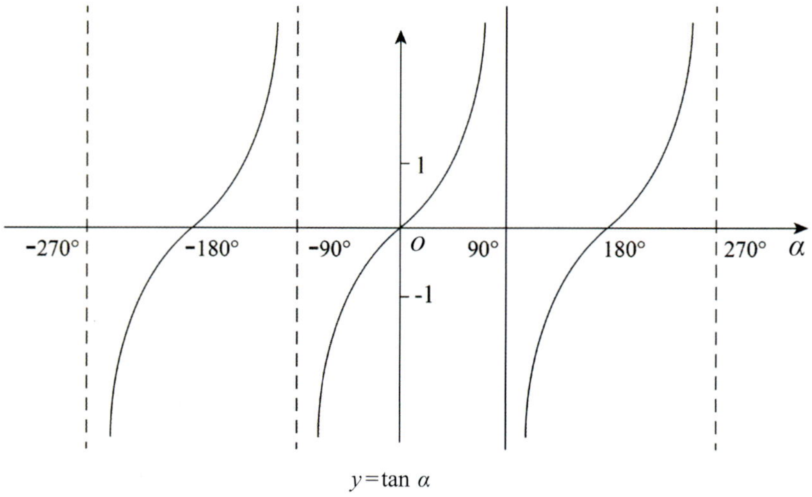

▲ 图 3-7　正切函数曲线

正切函数的图像与余弦函数和正弦函数的图像有很大的不同，它是一条周期为 π 的波浪形曲线，在每个奇数倍的 π/2 处趋向于无穷大（即存在垂直渐近线），而在每个整数倍的 π 处为零。

姓名:______________ 日期:______________ 班级:______________

记 录 纸

姓名：______________ 日期：______________ 班级：______________

记 录 纸

4 研究问题 III：如何测量地球与月球的直径

如何确定地球是球形？

古希腊时代的人们是如何得知地球是球形的呢？早在毕达哥拉斯（公元前 570—前 495）和柏拉图（公元前 427—前 347）时期，就有学者提出了地球是球形的观点。虽然毕达哥拉斯认为天体本质上是球形的，而柏拉图也曾暗示地球是球形的，但他们的理论并未像后来的科学家那样提供直接的证据。

后来亚里士多德（公元前 384—前 322）直接给出了地球是球形的科学证据。在他的著作《天文学》中，他列举了以下 3 个证据。

第一个证据是月食时月面上出现的地影是圆形的。亚里士多德认为，月食是由于地球遮挡了太阳光造成的，而地影在月面上呈圆形，这说明地球是一个球体。如果地球是平的或其他形状，那么地影就不会总是呈现出规则的圆形。

第二个证据是不同纬度的人看到的星空不同。亚里士多德指出，当人们从北向南移动时，能看到一些新的星座升起，同时一些原来可见的星座则会消失在地平线下。这说明人们在不同位置看到的天空有不同的倾斜角度，而这种变化只能用地球是球形的来解释。

第三个证据是不同地方观测到的水平线高度不同。亚里士多德引用了埃及旅行者所观察到的现象，即当人们从尼罗河口向南航行时，他们能看到的地平线更高。这意味着水平线并不是在所有地方都保持同一高度，而是随着地球表面的弯曲而变化。如果地球是平的，那么地平线的高度就应该在任何地方都相同。

根据这些证据，亚里士多德得出了结论：地球是一个球体。

古希腊人如何测量地球直径？

古希腊人很早就认识到地球是一个球体。他们通过观察月食，船只在海平面上消失，不同地方的星空变化等现象，推断出地球不是平的，而是球形的。但是，他们并不满足于这个结论，他们还想知道地球到底有多大。

前文提到过，在公元前3世纪的时候，埃拉托色尼成功地测量出了地球的直径。

埃拉托色尼生于非洲北部的昔勒尼（Cyrene，今利比亚）。他曾经担任过亚历山大图书馆的馆长，是当时非常有学问的人。他在天文学、数学、地理学、历史学等多个领域都有深入的研究，他创造了“地理学”（geography）这个词，并在测地学和地理学方面有杰出贡献，被称为“地理学之父”。

埃拉托色尼是怎么测量地球直径的呢？他用了一个很巧妙的方法，就是利用太阳光在不同地方产生不同影子的现象（见图4-1）。他知道，在赛伊尼夏至日的正午，太阳差不多经过天顶：这时有一口井的井底会被照亮。而在亚历山大，情况就不一样了，影子不可能消失，即太阳总是斜射的。他还知道太阳射到地

▼ 图4-1 埃拉托色尼测量地球直径的方法示意图

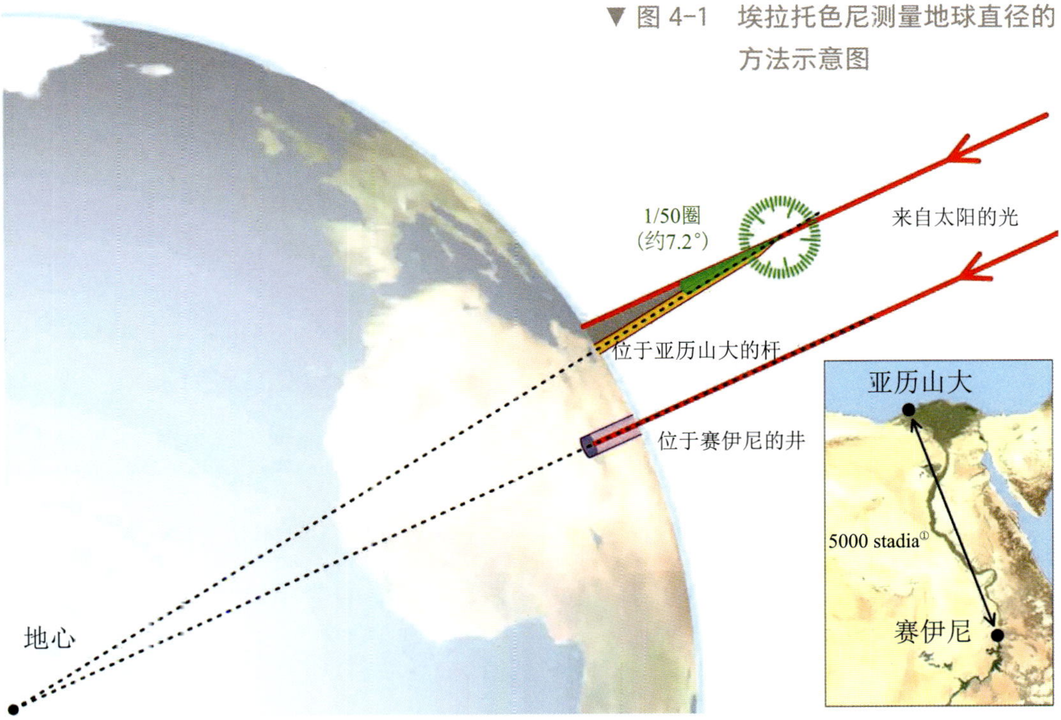

① 希腊里，古希腊长度单位，1 stadia=150~200米。

球上的光线是平行的，他观察了日晷指针（或一根杆子）的影子，通过计算影子和指针的长度关系，得出结论：正午时分，在亚历山大，太阳光会与地面的垂直线有一个 7.2° 的夹角。

这个夹角其实就是赛伊尼和亚历山大之间经线上所对应的弧度。因为这个角度与赛伊尼和亚历山大之间的经线弧度相等，于是只需确定这段距离的长度，再乘以 50 即可得到经圈（也就是地球赤道）的周长。然而在当时，测量这两地之间的距离也非易事。根据一个驼队走完这段距离平均所花的时间，埃拉托色尼得出这段弧长为 5000 stadia。

> 算一算：假设地球是一个完美的球体，地球一圈的 1/50 大概是 5000 stadia，问地球的周长是多少？（此处 1 stadia 约为 158.5 米。）

埃拉托色尼计算得出经圈的周长约为 39525 千米，并据此推算出地球半径的长度约为 6370 千米，这已经非常接近我们现代通过精密测量得出的地球平均半径 6371 千米了。

古希腊人如何测量月球直径

古希腊时代，人们对天文现象有着浓厚的兴趣和好奇心，他们试图用理性的方法来探索自然界的奥秘。其中一个重要的问题是月球的大小以及月球到地球的距离是多少。这些问题看似简单，但实际上很难用肉眼或简单的工具来测量。古希腊的天文学家们通过观察、推理和计算，发明了一些巧妙的方法，来估算月球的直径及其与地球的距离。

阿利斯塔克的方法

阿利斯塔克（约前 310—前 230）是古希腊伟大的天文学家，他最早提倡日心说，即太阳是宇宙的中心，地球和其他行星围绕太阳运行的理论，而且还测定了太阳、月球和地球之间的相对大小和地月之间的距离。他的著作《论日月的大小和距离》是古代最早的天文学论文，其中详细记录了他的观测和计算过程。

阿利斯塔克的方法是基于一个假设，即太阳、地球和月球在上弦或下弦时构成一个直角三角形。也就是说，当我们看到月亮呈半圆形时，太阳、地球和月球三者之间的夹角是90°。这个假设虽然不完全准确，但对于达成阿利斯塔克的目的来说已经足够了。如果能够测量出太阳、月球和地球之间的角距，就可以根据三角函数计算出太阳和月球相对于地球的距离（见图4-2）。

阿利斯塔克用一种类似于量角器的工具来测量太阳、月球和地球之间的角距。他发现，当月半圆时，这个角度大约是87°。根据余弦定理，他算出太阳与地球之间的距离大约是月亮与地球之间的距离的19倍。

算一算：在图4-2中，地球到太阳的距离是S，地球到月球的距离是L，以月球为顶点的角度为90°，以地球为顶点的角度为87°。现在请你使用三角函数的相关原理，计算从地球到太阳的距离与从地球到月亮的距离之间的比值是多少。

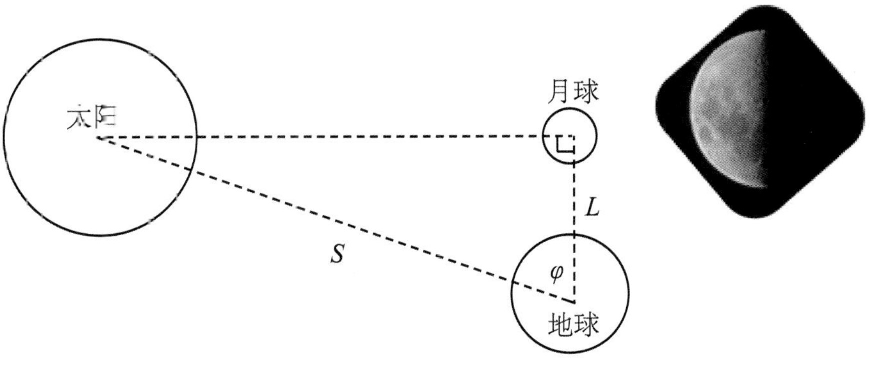

▲ 图 4-2　阿利斯塔克法测量太阳、月球和地球之间的距离

阿利斯塔克还利用日食和月食的现象，来估算太阳和月球的直径。他认为日食出现时，太阳被完全遮住，太阳和月亮的视直径相等。由于他已经知道太阳和月亮对地球的距离比值，他就可以求出它们的直径比值（见图 4-3）。

而在月食时，他观察到地球在月亮上投下的阴影，并计算出地球影子在月亮轨道上所占的弧度。他认为这个弧度与地球直径和月亮直径之比相等。因此，他得出地球直径是月球直径的 3 倍左右。

通过这些计算，阿利斯塔克得到了以下结果：

（1）太阳与地球的距离是月亮与地球距离的 19 倍。

（2）太阳直径是月球直径的 19 倍。

（3）地球直径是月球直径的 3 倍。

尽管这些结果与实际值相差甚远，但阿利斯塔克是第一个认识到太阳远比地球大得多并且用数学方法来估算天体的距离和大小的人。

> 算一算：太阳、地球、月球的位置关系如图 4-3 所示，地球到月球的距离是 S_1，地球到太阳的距离是 S_2，现在请你使用相似三角形原理，计算太阳直径（R）和月球直径（r）的比值是多少。

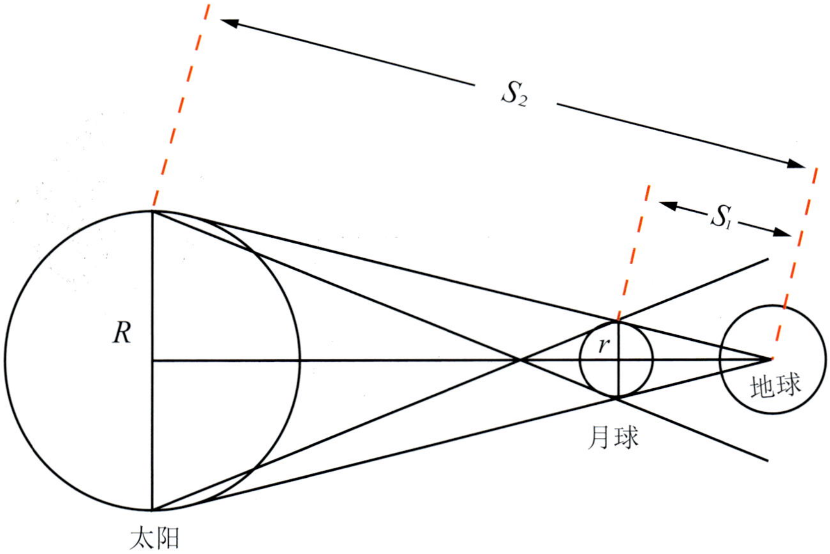

▲ 图 4-3　阿利斯塔克利用日食、月食测量太阳和地球直径所用数学模型

古代测量方法

在古代，人们就开始对天文学产生兴趣，因为它可以帮助人们了解地球和宇宙的奥秘。其中，地月测量是一项非常重要的研究，因为它可以帮助人们了解地球和月球之间的距离、地球和月球的大小和形状。

古人主要通过观察天象来进行地月测量。其中，最常见的方法是利用日食和月食的时刻、位置来计算出地球和月球之间的距离。古人通过日食和月食测量地月距离的原理，是基于对日、月、地三者运动规律的认识。当月球穿过地球和太阳之间的影子时，就会发生日食和月食。观察这些天文现象可以得到以下结论：首先，月球绕地球运动的轨道是椭圆形的，且月球在这个轨道上的运动不是匀速的。其次，太阳在天空中的位置与季节有关，而地球的自转导致太阳在天空中的位置也在不断变化。最后，当月球处于地球与太阳之间时，太阳的光线会被月球遮挡而形成日食；当月球处于地球背后，地球挡住太阳光线照射在月球表面而形成月食。

通过观测日食和月食的时刻和位置，古希腊人可以得出以下结论：当地球与太阳的距离为 d_s，地球与月球的距离为 d_m 时，发生日食时太阳和月球的距离可以近似表示为 d_s-d_m；发生月食时，太阳和地球的距离可以近似表示为 d_s+d_m。

（1）当发生日食时，月球处于地球和太阳之间，且三者连成一条直线，如图 4-4 所示）。在图中有两个相

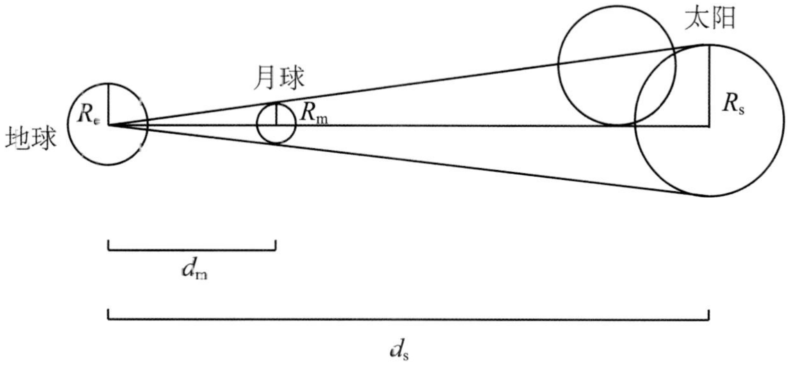

◀ 图 4-4 发生日食时的数学模型

似三角形，根据相似三角形定理可得到下列公式：

$$\frac{d_s}{d_m}=\frac{R_s}{R_m}$$

（2）现在人们测得上弦月时以地球为顶角的角度是 89.863°，可得下列公式：

$$\frac{d_s}{d_m}=\frac{1}{\cos(89.863°)}\approx 390$$

（3）当发生月食时，月球处于地球的本影，如图 4-5 所示。两个阴影的三角形是相似的，根据相似三角形可得到下面的公式：

$$\frac{d_s}{d_m}=\frac{R_s-R_e}{R_e-R_{m1}}$$

（4）古希腊天文学家已经注意到地球在月球轨道上投下的阴影半径大约是月球半径的 2 倍，现代测量结果表明该阴影半径实际上更接近月球半径的 2.6 倍。

这些公式和方法为古希腊人测量地月距离提供了基础，也为后来的天文学研究奠定了基础。值得一提的是，这些公式中的数值并不是精确的，因为地球、月球和太阳的运动都是不稳定的，而且古希腊人所使用的测量仪器也相对简单。但是由这些公式已经足够得到近似值，可以用来解决很多基本的天文学问题。

另外，古人还使用了一种“三角测量法”来测量地月距离。这种方法需要在不同地点同时观测月球的位置，并通过三角形的计算方法来得出地球和月球之间的距离。

当月亮在天空中出现时，你可以在地球上选择两个不同地点作为观测点，并观察月亮在天空中的角度。由于月球和地球之间的距离远大于地球上两个观测点之间的距离，因此可以

▼ 图 4-5　发生月食时的数学模型

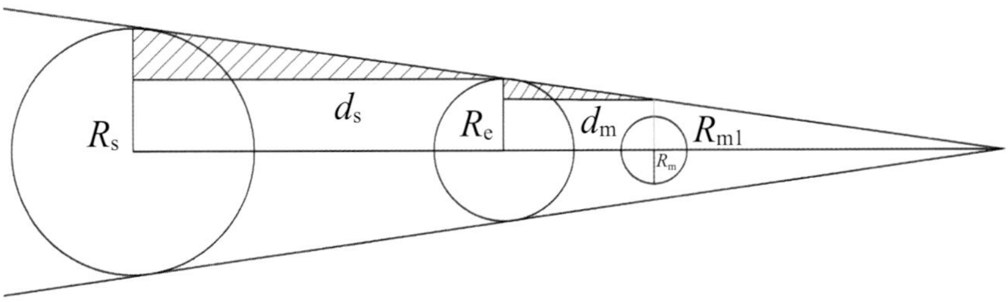

近似认为两个观测点和月球构成了一个三角形，而月球所在的角度就是这个三角形的顶角。

利用三角形的正弦、余弦或正切公式，可以根据已知的两个角度和它们对应的两条边的长度，计算出第三条边的长度，即地球和月球之间的距离。具体来说，如果已知两个观测点 B 和 C 与月球的夹角分别为 β_1、β_2，如图 4-6 所示，O、E 分别是地球和月球的球心，从 E 点引出一条切线与地球相切于 P，设地球半径为 r，$\angle OEP=\theta$，地月球心距离为 d。根据正弦定理可得

$$d=OE=\frac{r}{\sin\theta}$$

综合图 4-6 以及根据三角函数可得出求 $\sin\theta$ 具体值的公式：

$$\sin\theta=\frac{\beta_1+\beta_2-\alpha_1-\alpha_2}{\sin\beta_1-\sin\beta_2}$$

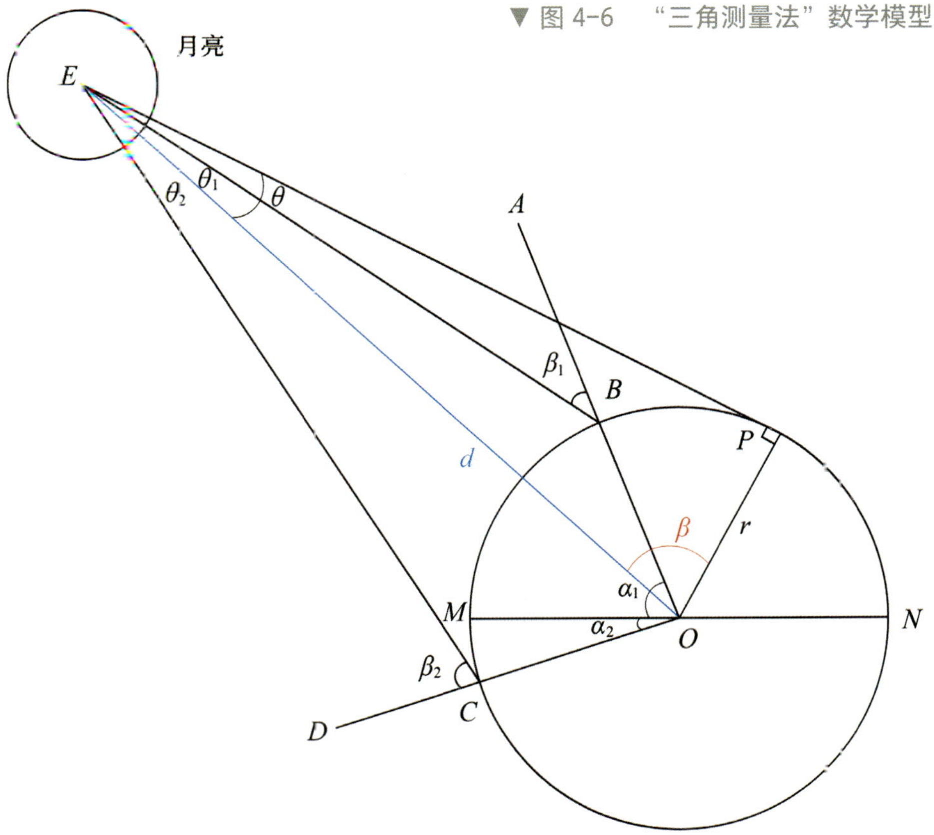

▼ 图 4-6 “三角测量法”数学模型

古人通过这种方法进行多次测量，得出的结果可以相互验证，从而提高测量精度。这种方法虽然比较繁琐，但在古代有限的科技水平下已经能够达到比较高的精度，令人赞叹不已。

文艺复兴时期的测量方法

在文艺复兴时期，人们开始使用更加精确的天文仪器来进行地月测量，其中最重要的是光学望远镜。这种仪器可以让天文学家们更加准确地观测天体的位置和大小，从而帮助他们计算出地球和月球之间的距离。

利用望远镜测量地月距离主要参照的是背景星空，这与古人的方法有所不同。文艺复兴时期的天文学家们使用了一种“视差法”（见图 4-7）来测量地月距离，这种方法利用了观测者在不同位置上看到同一物体时所产生的视角差异，从而得出距离的计算公式。

▲ 图 4-7 “视差法”数学模型

以下是视差法测量地月距离的详细过程：

（1）测量基线长度。首先需要测量观测点的基线长度，即测量两个观测点之间的距离。在测量地月距离时，通常选择在地球两个不同的地点同时观测月球，以得到不同的视角。因此，需要测量这两个观测点之间的距离。

（2）同时观测月球。在两个不同的观测点同时观测月球的位置。观测者可以使用望远镜进行观测。观测者需要同时记录月球在天空中的位置。

（3）计算角度差异。在两个观测点同时观测月球时，会得到不同的视角。这意味着，月球在两个观测点的位置会有微小的差异。观测者需要测量这两个观测点之间的月球位置差异的角度。这个角度称为视差角。

（4）计算距离。观测者可以使用三角函数和已知的基线长度、视差角等信息计算出地月距离。具体来说，可以使用以下公式：

$$距离 = \frac{基线长度}{2} \times \tan\left(\frac{视角差}{2}\right)$$

通过这个公式，观测者可以计算出地月距离的值。

需要注意的是，视差法需要测量基线长度，因此观测者需要在两个距离较远的地点进行观测。此外，由于观测者需要同时观测月球的位置，因此观测天气和时间也会影响测量结果。视差法需要较为精确的测量仪器和技术，在实践中需要仔细进行计算和分析，以确保测量结果的准确性。但总的来说，这种方法的精确度比古人的测量方法更高，可以达到相对误差小于1%。

需要注意的是，文艺复兴时期的天文学家所使用的望远镜并不像现代望远镜那样精确。因此，他们需要使用多个望远镜进行观测，并进行复杂的数据处理和计算，才能得到比较精确的地月距离测量结果。

当代测量方法

随着科技的进步，当代测量地月距离的方法越来越精确。目前，科学家们采用了多种现代测量方法来测量地月距离，这些方法包括雷达测距、激光测距、无线电测距和卫星测距等。

雷达测距

雷达测距是一种广泛使用的地月距离测量方法。这种方法利用雷达系统（见图4-8）将电磁波发射到月球表面，然后测量它们反弹回地球的时间，根据光速和时间来计算地月距

▲ 图 4-8　雷达
图片来源：Seasatcom

离。由于雷达可以在夜间、云层和雨雪天气下进行测量，所以这种方法具有较高的实用性和精度。

激光测距

激光测距是一种高精度、高分辨率的地月距离测量方法。这种方法利用激光束发射器向月球表面发射一束激光，并通过接收器测量激光反射回来的时间和强度来计算地月距离（见图 4-9）。例如，阿姆斯特朗登月时在月球上放置了一面镜子，科学家从地球向镜子发射激光，激光可沿入射光的方向返回。科学家测量了激光反射回地面需要的时间，然后根据光速计算出地球到月球的准确距离是 384403 千米。

与雷达测距相比，激光测距具有更高的精度，但需要用到更多的仪器和更复杂的测量系统。

无线电测距

无线电测距是一种利用地球和月球之间的无线电通信信号来测量地月距离的方法。这种方法利用地球和月球之间的无线电通信信号的传输时间和频率来计算地月距离。由于无线电信号的传输速度与光速相同，因此这种方法也具有较高的精度和较强的实用性。

卫星测距

卫星测距是一种通过将测距仪器放置在人造卫星上，利用卫星和地球之间的信号传输来测量地月距离的方法。这种方法可以通过多个卫星之间的信号交换，实现更高的测量精度和更广的覆盖范围。目前，GPS 和

▼ 图 4-9　美国戈达德太空飞行中心地球物理和天文观测站的激光测距设施
图片来源：NASA

GLONASS 等全球卫星导航系统就是基于卫星测距原理建立的。

总的来说，随着技术的不断进步，现代测量地月距离的方法越来越多样化和精确化。通过测量地月距离，我们能够更好地了解月球的物理特性、地质特征、引力场等重要信息，还可以更好地研究地球和月球的运动规律，推导宇宙中其他物体的位置和轨道等信息。此外，地月距离的测量对于探测月球和登陆月球也具有重要意义。

现代测量地月距离的方法不仅为探索月球和太空提供了有力的工具和手段，而且也为其他科学领域的研究提供了重要数据支持。例如，地球和月球的引力相互作用会影响地球上的海洋和大气运动，因此测量地月距离可以用于研究海洋和大气的动态变化。此外，测量地月距离也为精确定位、导航和地球观测等应用提供了重要基础数据。

姓名：______________ 日期：______________ 班级：______________

记 录 纸

姓名:________________ 日期:________________

学习评价

请你用简洁的语言和图形介绍不同时期的地月测距方法(请画出测量方法的简图,并附不少于100字的说明)。

(1)日食月食法

(2)三角测量法

(3)视差法

5 方案设计：地月距离测量方案设计

六分仪使用说明

在解决地月测距问题中，六分仪或许能发挥作用。在大航海时代，人们利用六分仪测量远方两个目标之间的夹角——最常用的是测量天体与海（地）平线或天体与天体之间的夹角，由此来确定观测者所在的纬度，这对航海而言有着重大意义。

六分仪包括两大部分：一部分包括架体、分度弧、望远镜、地平镜；另一部分包括指标臂以及固定在指标臂上的指标镜。六分仪整体角是60°，分度弧的刻度是0°到120°。

使用六分仪时，首先需要在望远镜中看到地平镜中的基准线。然后旋转指针，直到指标镜中测量的物体与基准线对齐。最后，读取指针指示的刻度，这就是物体所需测量的角度（见图5-1）。

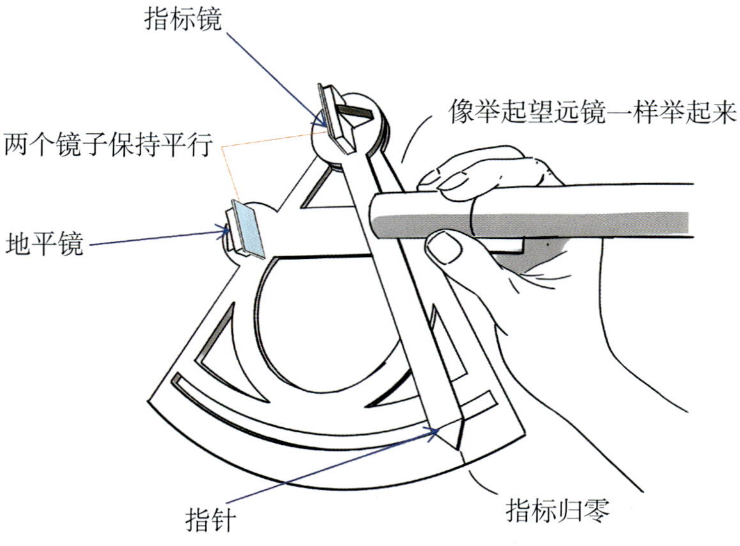

▲ 图 5-1　六分仪使用示意图

如何利用六分仪测量所在地纬度

利用六分仪，我们可以测量所在地的纬度，也就是地球表面与赤道平面的夹角。我们只需要测量太阳的高度角（见图 5-2），就可以计算出纬度。

首先，我们需要知道测量当天的太阳赤纬，也就是太阳在天球上的纬度。太阳赤纬随着地球公转而变化，一般可以从天文年历中查到。例如，2023 年 6 月 12 日，太阳赤纬约为 23.4°。

然后，我们需要在测量所在地正午时分，也就是太阳最高点的时候，使用六分仪测量太阳的高度角。高度角就是太阳与地平线的夹角。我们将六分仪放在水平的地面上，调整望远镜使之对准太阳，然后读取弧度盘上的刻度，就可以得到高度角。例如，我们在北京正午测量到太阳的高度角为 74.5°。

最后，我们可以利用一个简单的公式计算出纬度：

纬度 = 90°− 高度角 − 太阳赤纬

将测量到的数据代入公式，就可以得到

纬度 = 90°−74.5°+23.4°=38.9°

这个结果与北京的实际纬度（39.9°）相差不大，误差主要来自于测量仪器和时间的精度。

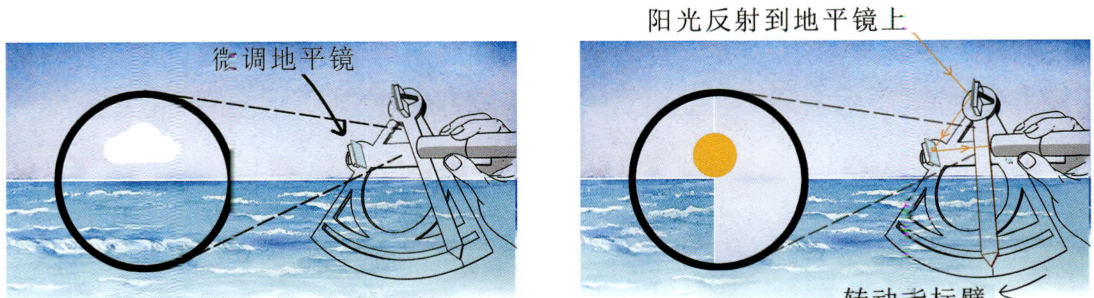

使人望远镜看来指标镜反射的海平面与地平线逐渐重合

观测者视野出现太阳的影像

▲ 图 5-2　如何使用六分仪测量太阳高度角

姓名:______________________ 日期:______________________

练　　习

请你测量你所在地的纬度。

（1）确定测量当天的太阳赤纬。

（2）这一天正午时分太阳的高度角是多少？

（3）通过计算，你所在地的纬度是多少？

（4）查阅资料获得你所在地的纬度，并与你的计算值对比。

姓名：________ 日期：________ 班级：________

记 录 纸

姓名:______________ 日期:______________ 班级:______________

记 录 纸

拓展阅读

通过北极星来确定纬度

我们除了可以通过测量太阳的高度角来确定所在地的纬度外，还可以通过测量北极星的高度角来确定所在地的纬度。具体的步骤如下：

（1）找到北极星。先在夜空中找到北斗七星，再将北斗七星的勺子口（天枢和天璇）用一条直线连接，将其延长大约 5 倍的距离，此处会有一颗星星，那就是北极星（见图 5-3）。

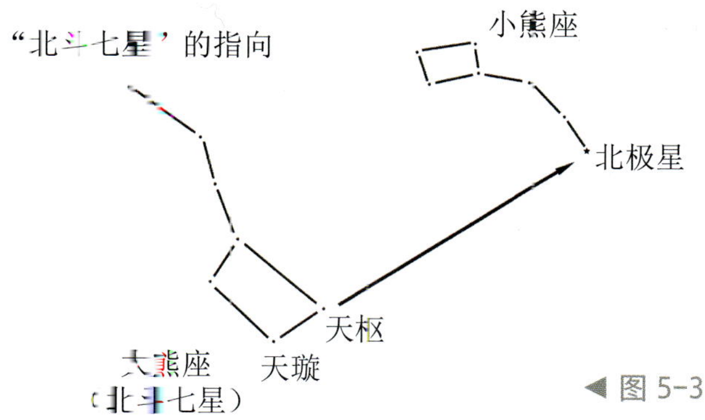

◀ 图 5-3　利用北斗七星寻找北极星

（2）测量北极星的高度角。将六分仪朝北向水平放置，从指针观测孔望去，移动指针使观测孔对准北极星，此时指针所指的度数即观测地点的纬度。

为什么北极星的高度角就是所在地的纬度呢？

北极星是指最靠近北天极的恒星，是北半球能见到的极星。目前的北极星是小熊座 α 星（勾陈一）。由于岁差的关系，不同时期的北极星并不是同一颗星。

从北半球看，北极星的高度角随纬度不同而变化，从赤道为 0° 到北极为 90°，即北极星的高度角与当地纬度恰好相同。这是因为北天极与地球的自转轴平行，而地球的自转轴与地球的赤道垂直。因此，当我们站在地球上看北天极时，它的仰角就等于我们所在地点与赤道的夹角，也就是纬度。

姓名:________________ 日期:________________

练　习

（1）如果你站在赤道上，北极星在哪里？

（2）如果你站在北极点上，北极星在哪里？

（3）根据你的测量，你所在地的纬度是多少？

如何利用六分仪测量距离或高度？

利用六分仪，我们不仅可以测量所在地的纬度，还可以测量远处建筑物的距离或者高度。

具体的步骤如下：

（1）选择一个合适的位置，使得你自己、六分仪和远处建筑物在同一条直线上，这样就形成了一个直角三角形。

（2）用六分仪测量你自己和建筑物最高点之间的夹角，记为 α 。

（3）用卷尺或者绳子测量你眼睛到六分仪之间的距离，记为 d；六分仪的高度记为 h。你到远处的建筑物的距离记为 D；建筑物的高度记为 H（见图 5-4）。

（4）根据相似三角形的性质，可以得到以下比例关系：

$$\frac{d}{D}=\frac{h}{H}$$

（5）根据三角形的正切函数可得以下公式：

$$\tan\alpha=\frac{h}{d}$$

（6）由此可得建筑物的高度和距离之间的关系：

$$H=D\times\tan\alpha$$

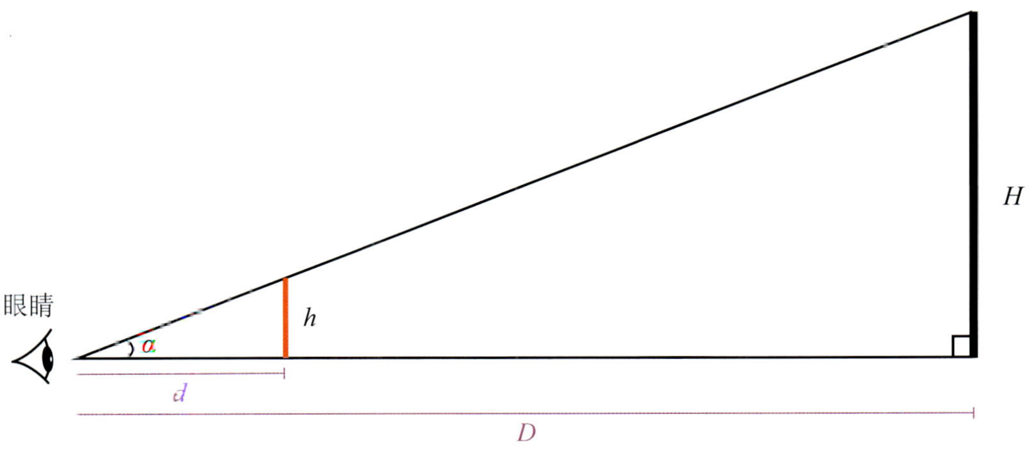

▲ 图 5-4　利用六分仪测量建筑物的高度和距离示意图

姓名：________________　　日期：________________

练　习

小冷在课堂上学了六分仪的知识后，拿着六分仪去测量学校门口一栋楼房的高度。小冷测得六分仪到楼房的距离 b 为 100 米，指标镜中楼顶与基准线对齐时，指针指示的刻度如下图。

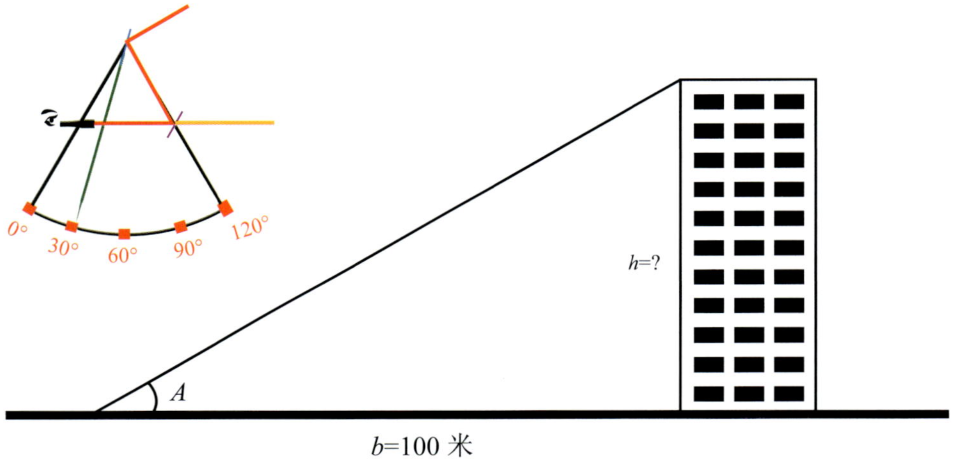

（1）求小冷和楼房顶点之间的夹角 A 的度数。

（2）求楼房高度 h。

地月距离测量方案设计

定义问题

你现在要解决的问题是什么？

研究问题

你可以从哪些渠道收集相关信息？面临的问题有哪些技术限制？

设计解决方案

可以用哪些不同的方法解决这个问题？

选择最佳方案

每个设计方案的优缺点各是什么？哪个方案最实用？哪个方案最简洁？

建造原型

你需要用哪些材料？如何制作原型？你制作的原型有何特点？

测试与评估

你的设计是否可行？是否达到了预期效果？测试过程中获得了哪些数据？

改进

你的设计是否达到了最佳效果？可以如何改进？

6 成果展示：研究性学习报告

地月距离测量研究性学习报告

姓　　名		学校		指导老师	
探究课题					
地月距离测量方案					

地月距离测量研究性学习报告

测量工具设计

地月距离测量研究性学习报告

注意事项

地月距离测量研究性学习报告

参考文献

姓名：________ 日期：________ 班级：________

记 录 纸

姓名 ______________ 日期:______________ 班级:______________

记 录 纸

附　录

三角函数基本公式

和差角公式

$$\sin(\alpha \pm \beta) = \sin\alpha\cos\beta \pm \cos\alpha\sin\beta$$

$$\cos(\alpha \pm \beta) = \cos\alpha\cos\beta \mp \sin\alpha\sin\beta$$

$$\tan(\alpha \pm \beta) = \frac{\tan\alpha \pm \tan\beta}{1 \mp \tan\alpha \cdot \tan\beta}$$

$$\cot(\alpha \pm \beta) = \frac{\cot\alpha \cdot \cot\beta \mp 1}{\cot\beta \pm \cot\alpha}$$

和差化积公式

$$\sin\alpha + \sin\beta = 2\sin\frac{\alpha + \beta}{2}\cos\frac{\alpha - \beta}{2}$$

$$\sin\alpha - \sin\beta = 2\cos\frac{\alpha + \beta}{2}\sin\frac{\alpha - \beta}{2}$$

$$\cos\alpha + \cos\beta = 2\cos\frac{\alpha + \beta}{2}\cos\frac{\alpha - \beta}{2}$$

$$\cos\alpha - \cos\beta = 2\sin\frac{\alpha + \beta}{2}\sin\frac{\alpha - \beta}{2}$$

倍角公式

$$\sin 2\alpha = 2\sin\alpha\cos\alpha$$

$$\cos 2\alpha = 2\cos^2\alpha - 1 = 1 - 2\sin^2\alpha = \cos^2\alpha - \sin^2\alpha$$

$$\cot 2\alpha = \frac{\cot^2\alpha - 1}{2\cot\alpha}$$

$$\tan 2\alpha = \frac{2\tan 2\alpha}{1 - \tan^2\alpha}$$

$$\sin 3\alpha = 3\sin\alpha - 4\sin^3\alpha$$

$$\cos 3\alpha = 4\cos^3\alpha - 3\cos\alpha$$

$$\tan 3\alpha = \frac{3\tan\alpha - \tan^2\alpha}{1 - 3\tan^2\alpha}$$

半角公式

$$\sin\frac{\alpha}{2}=\pm\sqrt{\frac{1-\cos\alpha}{2}}$$

$$\cos\frac{\alpha}{2}=\pm\sqrt{\frac{1+\cos\alpha}{2}}$$

$$\tan\frac{\alpha}{2}=\pm\sqrt{\frac{1-\cos\alpha}{1+\cos\alpha}}=\frac{1-\cos\alpha}{\sin\alpha}=\frac{\sin\alpha}{1+\cos\alpha}$$

$$\cot\frac{\alpha}{2}=\pm\sqrt{\frac{1+\cos\alpha}{1-\cos\alpha}}=\frac{1+\cos\alpha}{\sin\alpha}=\frac{\sin\alpha}{1-\cos\alpha}$$

三角函数表

角度	sin 值	cos 值	角度	sin 值	cos 值
5°	0.087	0.996	50°	0.766	0.643
10°	0.174	0.985	55°	0.819	0.574
15°	0.259	0.966	60°	0.866	0.500
20°	0.342	0.940	65°	0.906	0.423
25°	0.423	0.906	70°	0.940	0.342
30°	0.500	0.866	75°	0.966	0.259
35°	0.574	0.819	80°	0.985	0.174
40°	0.643	0.766	85°	0.996	0.087
45°	0.707	0.707	90°	1.000	0

中学研究性学习实践

航天篇

2. 如何建立卫星能源系统

主　编　蒲佳意

副主编　高峻岭　刘晓岚

编　委（以姓氏拼音为序）

陈　昊　高　献　韩瑞东　姜　峰

刘朝福　吕　峰　刘建华　刘　清

石昌龙　田才让　王　飞　王　猛

王　兴　武树滨　谢　群　徐增辉

于春辉　杨　帅　于永乐　袁振民

翟　健　曾庆江　朱晓丹　朱云浩

中国科学技术大学出版社

前　言

《中学研究性学习实践·航天篇》是一套引领中学生综合运用科学、技术、工程、艺术与数学等多学科知识，深入探索科学世界、培养创新思维和实践能力的学习指南。通过生动有趣的研究性学习项目，如“如何测量地月距离”“如何建立卫星能源系统”“如何设计航天服”等，引导学生运用跨学科知识解决实际问题，最终完成一份兼具深度和广度的研究性学习报告。

研究性学习对中学生而言具有举足轻重的意义。在当今知识日益融合的时代，单一学科的学习已经无法满足社会对人才的需求。研究性学习鼓励学生打破学科壁垒，将多学科知识相互融合，形成完整的知识体系。学习的本质是对问题持续不断地探求，而研究性学习最重要的价值就是鼓励学生从被动接受知识转变为主动探索、发现与解决问题，从而点燃学生的学习热情，激发他们的好奇心和求知欲。在这一过程中，学生将学会独立思考、批判分析，并在团队协作中提升沟通和创新能力。这些能力不仅对学生的学业成绩至关重要，更是他们未来职业生涯中不可或缺的宝贵财富。

在研究性学习课程研发方面，冷湖实验室拥有丰富的经验。自 2017 年成立以来，冷湖实验室已自主研发了“火箭原理与设计”“火星救援”“青鸟二号卫星设计”“全地貌火星车”等项目式课程，这些课程相继在北京市八一学校、北京市十一学校、太原市进山中学校、石家庄市鹿泉区第一中学、济南市安生学校、济宁市兖州区第一中学等 50 余所学校开设，上课的学生数量超过 10 万人。如北京市八一学校引入了“火箭原理与设计”和“火星二号生态舱设计”项目式课程，

北京市十一学校引入了“火箭原理与设计”和“图图机器人”项目式课程，太原市进山中学校引入了“1 U 立方星”和“全地貌火星车”项目式课程。

本套书结合《中国 STEM 教育 2029 行动计划》编写，紧密贴合当前教育改革，从实际问题入手，逐步引导学生深入探索。在编写过程中，本套书注重理论与实践相结合，既包含丰富的理论知识，又配备了生动的案例，帮助学生获得丰富的实践经验。我们希望通过这种方式，让学生在实践中学习、在探索中成长。同时，我们也充分考虑了中学生的年龄特点和认知水平，以通俗易懂的语言、趣味盎然的案例，激发学生的学习兴趣和热情。

本套书得到了中国航天科技国际交流中心刘晓岚处长、中国 STEM 教育 2029 行动计划推进办公室吕峰主任等众多教育专家和一线教师的鼎力支持，他们的智慧为本套书的编写奠定了坚实的基础。中国科学技术大学的倪向贵博士、李旭副教授、严飞特任教授为本套书录制了学习指导视频，并在审阅全稿后提出了宝贵的意见。在此，我们向所有为本套书的出版付出辛勤劳动的老师们表示衷心的感谢。

我们期望本套书能够为广大中学生开展研究性学习提供有益参考，引领他们踏上探索科学奥秘、培养创新精神的旅程。愿每一位读者都能通过本书，发现学习的乐趣，探索科学的奥秘！

编者水平有限，难免有误，请读者批评指正。

编　者

目　录

0 绪论

如何使用这本书

你想了解卫星能源系统设计吗？你想亲手制作立方星并进行太阳能光伏发电实验吗？如果你的答案是肯定的，那么这本书就是为你准备的。本书将带你进入一个充满创意和挑战的世界，让你从不同的角度认识和探索低成本、高效率的立方星。

在本书中，你将迎接一项挑战：设计卫星能源系统！这绝不是一场寻常的比赛，而是一次激发创造力、破解难题的冒险之旅。

准备好揭开立方星的神秘面纱了吗？你将穿越时间和空间，探寻立方星的前世今生，探索它们的构造、轨道以及它们在宇宙中扮演的独特角色。从飞往火星的“火星立方体一号”（MarCO），到探索月球水资源的“月球氢图”（LunaH-Map），再到背靠深空的“相关环境星际纳航天器探路者”（INSPIRE），每一颗立方星都燃烧着无尽的探索之火！

除了了解立方星的种种知识，你还将深入剖析各种案例。这些案例将带你探索各种类型的立方星，了解它们的用途、功能和创新之处。它们是航天科技的璀璨明星，等待着充满好奇心的你来点亮它们！

接下来，你将了解立方星的太阳能能源系统。你将深入学习这些系统的组成部分，并发现影响太阳能电池效率的关键因素。想象一下，立方星如何在宇宙中利用太阳能为自己提供源源不断的能量，让航天探索持续前行？

最后，你将探索太阳能光伏发电的奥秘。你将学习如何设计对照实验，并使用立方星套件进行实验。通过动手实践，你将目睹太阳能是如何转化为电能的，收获宝贵的发现，并完成一份兼具深度和广度的研究性学习报告。

什么是研究性学习

研究性学习也叫项目式学习（Project-based Leaning，PBL），是一种可以帮助你更好地掌握知识的学习方法（见图 0-1）。研究性学习和传统的课堂教学不同，它更注重让你亲自实践，通过完成项目来学习知识和技能。在这个过程中，你可以更深入地探究实际问题，发挥个人和团队的能力，从而更好地获取知识和运用技能（见图 0-2）。

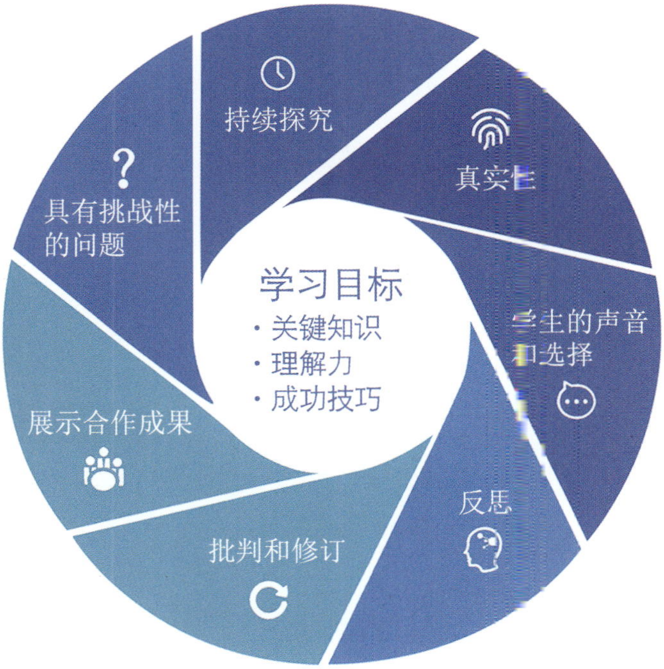

▲ 图 0-1　研究性学习方法

首先，研究性学习可以培养你的创造力，提高你解决问题的能力。在这种学习模式中，你需要自主选择和解决问题，不断进行探究和思考。同时，你还需要创新性地寻找最佳解决方案。

其次，你会发现研究性学习让你对学习充满兴趣。相比传统的课堂教学，研究性学习更贴近生活和实际问题，能够激发你的好奇心和求知欲。因为亲身参与和贡献，你会获得成就感和满足感。

最后，研究性学习可以提高你的团队合作能力。在项目式学习中，你需要与同伴合作完成任务，通过团队协作来实现共同目标。在这个过程中，你会学会如何相互配合、协调和沟通。同时，你也会意识到自己的学习和行动对社会有着一定的影响和责任，增强社会责任感。

举例来说，老师设计了一个“城市环境改善”项目，让你和同学一起解决改善城市环境的问题。你们可以组成团队，选择一个具体的环境问题，如垃圾分类、空气污染防治等，然后设计解决方案并实施，最后进行评估和总结。在这些项目中，你需要进行调研、分析和创新，通过团队协作来实现改善环境的目标，同时对环境保护和社会责任有更深的认识。

在这个信息爆炸的时代，你需要更多的自主能力和探究能力，而研究性学习正是为提高这两项能力而设计的。这种学习方法不仅有利于提高你的学习效果，也能够帮助你更好地适应未来社会的需求。

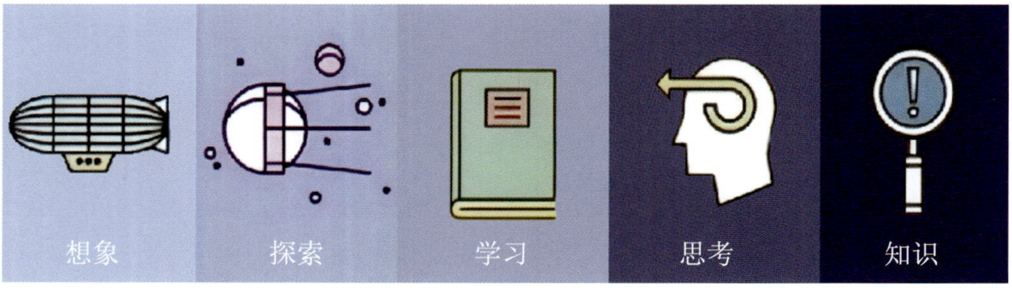

▲ 图 0-2 研究性学习要素

什么是工程设计流程

当工程师需要设计一个新产品或解决一个问题时，他们将使用工程设计流程（Engineering Design Process）来达到目标。工程设计流程是一种系统性的方法，用于设计、开发和实施各种产品或解决方案（见图 0-3）。这个过程包括以下步骤：

1. 定义问题

工程师会对他们想要创建的东西提出关键性问题，无论是摩天大楼、游乐园设施、自行车还是智能手机。这些问题包括：想要设计什么？面向的用户是谁？想要实现什么目标？项目的要求是什么？有哪些限制条件？

2. 研究问题

在这一步骤中，工程师需要调查并了解与要解决的问题相关的信息和数据，

例如市场研究、竞争分析和技术调查。

3. 设计解决方案

通常，工程师将与团队一起集思广益，开发尽可能多的解决方案。

4. 选择最佳方案

对于许多工程师来说，这是最困难的一步！重新审视早期步骤中的需求、限制目标，选择一个最佳解决方案并制订计划继续推进。

5. 建造原型

构建一个可用于测试和验证方案的原型。

6. 测试与评估

对原型进行测试和评估，确定其是否符合要求，是否有效，是否解决了问题。收集结果并获得反馈。分析并讨论哪些方面有效，哪些方面无效，以及哪些方面可以改进。如果不能满足需求，将重新设计或改进方案。

7. 改进

讨论如何改进解决方案并进行修订，确定新的设计方案。

迭代方案，使设计出来的产品变得更好。

8. 成果展示

把我们设计好的成果展示给其他人吧！

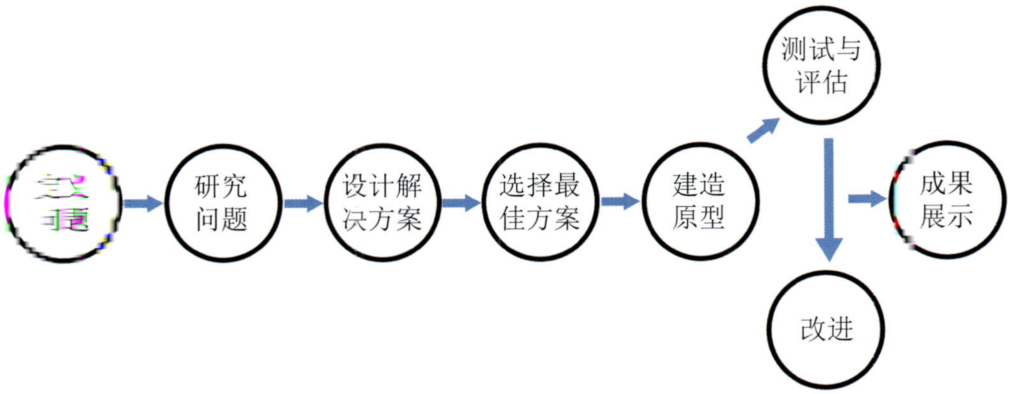

▲图 0-3　工程设计流程图

假设我们要设计一辆自行车。首先，你需要了解用户需求和限制条件，例如自行车应该是什么样子的，能够适应什么样的道路，什么样的人可以使用它，等等。接下来，你需要调查市场上已经存在的自行车类型，看看它们的优点和缺点，并研究哪些技术可以用于我们设计的自行车。然后提出创意，设计出各种不同类型的自行车，如山地车、公路车等。你还需要评估每个设计的优缺点，最终选择最能满足用户需求的自行车类型。最后，你可以建造原型并进行测试和评估，以找出设计的问题和优缺点，并进行改进和再设计，直到自行车符合我们的目标需求。

什么是科学探究流程

科学探究流程是一种基于证据和实验的探究方法，旨在解决和回答科学问题（见图 0-4）。这种方法可以应用于各种不同的领域，包括自然科学、社会科学、工程和技术等。

下面详细介绍每个步骤的内容：

1. 提出问题

这是科学探究流程的第一步。在这一阶段，需要思考你感兴趣的话题，并提出一个值得调研的问题。问题应该是明确而具体的，并且能够通过实验或观察来回答。

2. 查阅资料与调研

在回答问题之前，你需要进行相关的背景调研。这可能包括查找资料、阅读有关文献或与专家进行交流。这将帮助你了解问题的背景和相关信息，以便更好地设计和执行实验。通常，你要与其他团队成员一起集思广益，开发尽可能多的解决方案。

3. 提出假设

根据研究，你可以提出一个可以被测试的假设。这个假设是对问题答案的预测，并且需要明确描述认为会发生的结果以及原因。假设应该基于实证证据，并且应该是可验证的。

4. 进行实验

在这个阶段，你需要设计并进行实验来测试假设。需要仔细规划实验，以确保可以收集可靠的数据，这个过程需要遵循实验的规则和原则（如科学可行性原则、对照与均衡性原则、随机性原则、可重复性原则）。还需要记录实验方法、结果和分析，以便进行后续分析。

5. 分析数据

你需要对实验数据进行分析，以确定它们是否支持假设。需要使用统计学方法（比如图表、数学方法、集中趋势分析、离中趋势分析、相关分析等）来分析数据，并且需要详细记录分析过程，以便结论是可重复的和可验证的。

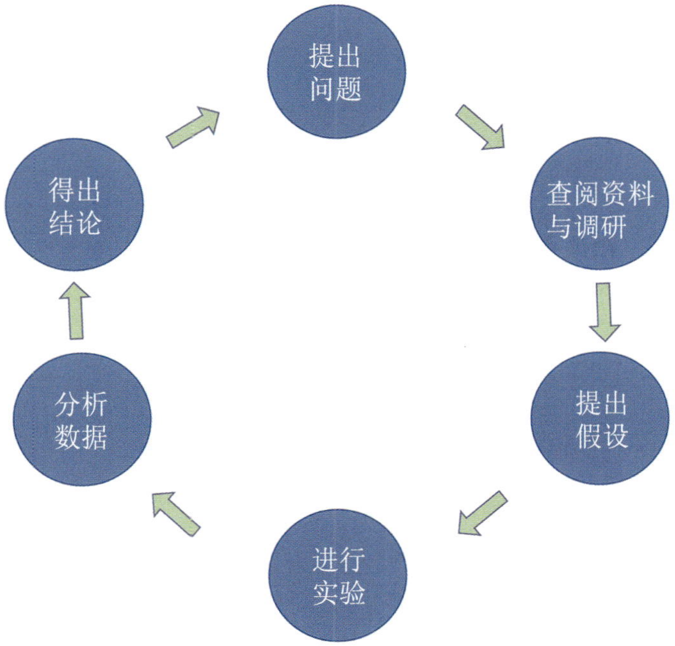

▲ 图 0-4　科学探究流程图

6. 得出结论

你需要使用所得数据和分析结果来得出结论，并确定假设是否被证实。如果需要，可以回到前面的步骤重新进行研究或调整假设。

通过这些步骤，科学家可以发现新知识、解决问题并提出新的理论和概念。科学探究流程是一套系统化的方法，可以帮助你进行有效的科学探究，并在解决问题的同时发现新的奇妙之处。

举个例子，如果你想探究植物生长的要素，则可以按照如下科学探究流程进行：

（1）提出问题。例如，“植物生长需要什么条件？”或“植物在不同条件下生长是否有所不同？”

（2）查阅资料与调研。查阅相关文献、观察实验室中的植物，以了解植物生长的要素。

（3）提出假设。针对问题提出一个假设，例如，“植物在富含营养的土壤中生长得更好”或“充足的阳光能够促进植物生长”。

（4）进行实验。设计实验并收集数据，例如，为植物提供不同种类的土壤、水和光照条件，然后记录植物的生长速度、高度等指标。

（5）分析数据。对实验结果进行统计分析，并确定哪些因素对植物的生长有影响。

（6）得出结论。根据数据分析得出结论，例如“在富含营养的土壤中植物生长得更好”或“充足的阳光能够促进植物生长”。

实验结束后可与同学分享实验结果，让其他人了解你的实验过程和实验成果，并听取他们的反馈和建议。还可将实验中的每个步骤重复多次，以确保结果的准确性和可靠性，并在必要时修改假设和实验设计。

如何查阅资料

当你在进行研究性学习时，查阅资料是必不可少的一个环节。它可以帮助我们了解背景知识，找到相关信息，拓展思路，从而去支持观点。那么，如何查阅资料呢？

首先，要明确自己的课题是什么，研究目的是什么，有什么问题。这样可以帮助我们确定查阅资料的范围和方向。你可以用一句话概括自己的课题，然后把它分解成几个关键词或短语，作为搜索的依据。

其次，要选择合适的资料来源。除了参照本书中已经提供的资料，还可以参考其他资料来源，比如图书馆、网络、报纸杂志、专家访谈等。不同的资料来源有不同的特点和优缺点，我们要根据自己的课题和需要，选择最适合的资料来源。一般来说，图书馆是一个比较权威和全面的资料来源，它提供了各种类型和不同领域的图书、期刊等。网络是一个比较方便和快速的资料来源，它提供了海量的信息，但要注意甄别信息的真实性和可靠性。报刊是一个具有时效性的资料来源，它提供了最新的动态和观点，但要注意区分事实和评论。专家访谈是一个比较深入和专业的资料来源，它提供了第一手的数据和经验，但要注意尊重专家的时间和意愿。

最后，要有效地利用资料。查阅资料不是为了堆砌材料或抄袭别人的观点，而是为了增加我们自己的知识和见解，为自己的课题提供支撑和证据。我们要学会批判性地阅读资料，分析资料的内容、结构、观点、论据等，找出对自己有用的信息，并用自己的话进行归纳、总结、引用、注释等。还要注意记录资料的出处和引用方式，以便于后续的参考和引用。

如何写参考文献

参考文献是一种在学术写作中表明作者观点和注释论据来源的方式。参考文献可以帮助你增强论文的可信度和权威性，也可以避免抄袭的指控。参考文献有不同的规范和格式，例如 APA、MLA、Chicago 等，你需要根据你的学科和老师的要求选择合适的一种。一般来说，参考文献包括两个部分：正文中的引用和文末的参考文献列表。

正文中的引用是指在你引用或者改写别人的观点或者数据时，在括号里注明原作者和出版年份，例如（王一，2020）。正文中的引用可以让读者知道你的信息来源，并且可以在参考文献列表中找到更多细节。

文末的参考文献列表是指在你的论文最后列出所有你引用或者改写过的资料的完整信息，例如作者、书名、出版社、出版地、出版年份等。参考文献列表可以让读者查阅你所使用的原始资料，并且可以验证你的引用是否准确。参考文献列表的排列顺序和格式也要根据你所使用的规范来确定，例如按照作者字母顺序或者出现顺序排序，是否使用缩进格式等。

那么，如何找到可靠且合适的参考文献呢？这里有一些常用的方法：

（1）利用图书馆或者网络数据库搜索相关主题或者关键词，找到与你的论题相关的书籍、期刊文章、报告等。

（2）阅读你所找到的资料，并且注意其中是否有提到其他有价值的资料，例如脚注、引用、参考书目等。

（3）评估你所找到的资料是否符合要求，例如是否有作者、出版日期、出版社等信息，是否有足够的证据和论据支持观点，是否有偏见或者错误等。

（4）记录你所使用的资料的完整信息，并且按照规范格式编辑你的引用和参考文献列表。

写参考文献是一项重要而且必要的学术技能，它可以帮助你提高写作水平和学术素养。

准备好了吗？带上你的好奇心和冒险精神，一起踏上这段令人兴奋且充满发现的冒险之旅吧！让我们共同设计、发现和探索卫星能源系统，创造未来的航天传奇！

1 任务发布

挑　战　书

1957年10月4日，苏联将第一颗人造卫星送上了地球轨道。这个举世瞩目的成就成为航天工程时代到来的一道曙光，让我们的想象力飞向了无尽的星际宇宙。

现在，站在航天科学的前沿，你将参与一段卓越的科学探险——卫星能源系统设计挑战。这是一次穿越星际的征途，请带好你的好奇心，勇敢地探寻宇宙中的奥秘。

立方星的概念由斯坦福大学的汤姆·肯尼（TOM KENNY）提出，它将卫星科技推向了新的高度。想象一下，这些微型宇宙探索者的质量只有1千克，体积为10厘米×10厘米×10厘米（俗称1U）。只要我们将它们巧妙组合，就能创造立方体纳卫星，拥有前所未有的探索力量。

在这项挑战中，你将成为一名无畏的航天工程师、一名真正的太空先驱者，努力解决卫星能源系统的设计难题。立方星的能量源自太阳能，但太阳能电池却面临着发电效率低、日食时断电等挑战。

你可以追寻太阳能电池技术的新领域，探索更高效的发电机制。或许，在日食时刻，你就能够找到一种机智的解决方案，让立方星在黑暗中继续闪耀。还有，别忘了寻找降低成本的路径，让立方星能源系统更具可持续性和可行性。

这项挑战将为你打开星际探索的大门。通过深入的研究和实验，你将成为一位真正的探险家，引领着立方星能源系统未来的发展。

你准备好了吗？预祝你挑战成功！

任务单

你需要分析任务，并明确问题。

（1）用自己的话来描述任务的内容（你需要做什么？）

（2）为了更好地完成任务，你需要具备哪些基础知识？

（3）如何确定你的设计是成功的？

姓名:________ 日期:________ 班级:________

记 录 纸

姓名:__________ 日期:__________ 班级:__________

记 录 纸

2 研究问题Ⅰ：什么是立方星

立方星的发展

在浩瀚无垠的宇宙中，人类一直在探索未知的领域。人们通过发射卫星来探测太空，寻找新的世界。立方星（微型卫星），正是我们探索宇宙的得力助手。

立方星（见图 2-1）体积小巧，仅有 10 厘米 ×10 厘米 ×10 厘米，质量约为 1 千克。这种立方星被称为 1 U（单位）立方星。但是你可别被它的外表欺骗了。立方星可以拼接成 2 U、3 U 甚至 12 U 的形式，以增加功能和载荷。它具有成本低、功能密度高、研制周期短、入轨快等优点，在空间成像、通信、大气研究、生物学研究、新技术试验等领域都能发挥巨大作用。

美国加州理工学院和斯坦福大学的学者提出立方星的概念，旨在让大学生参与航天科学教育和研究。2003 年，第一批 6 颗立方星成功发射升空，开启了微型卫星的新时代。从那时起，立方星迅速发展并得到广泛应用。2014 年，《科学》杂志将实用化的立方星技术评选为全球十大科学突破之一。

2015 年 9 月 25 日，我国首次使用长征十一号固体运载火箭发射了 4 颗卫星，其中包括 3 颗由上海微小卫星工程中心研制的“鹊桥”系列 1 U 立方星。该系列立方星是我国第一批

▼ 图 2-1　立方星
图片来源：NASA

自主设计并成功入轨的商业化微型卫星平台，在通信广播、对地观测等领域具有较强竞争力。

截至2022年底，已有超过1000颗立方星发射入轨，如今数量仍在不断增加。未来，随着微电子技术、纳米材料技术、人工智能技术等的进步和融合，立方星将更加智能化、网络化、集成化，并将在探索太空中发挥更大作用。当我们继续探索宇宙的奥秘时，它们将会是我们不可或缺的伙伴。

立方星的结构

立方星虽小，但它的组成和大卫星并没有很大区别。卫星通常包含7个工程系统：结构与机构系统、姿态与控制系统、计算机控制系统、热控系统、电源系统、通信系统、推进系统，以及有效载荷。

结构与机构系统

结构与机构系统是卫星的骨架和肌肉，它提供了卫星的外形和刚度，承受了发射和轨道运行过程中的各种载荷，并支撑其他各个分系统的安装。该系统一般由承力部件、外壳、安装部件等组成。根据不同的功能需求，该系统还可能包括可展开式或可变形式的部件，如太阳电池阵、探测臂等。这些部件在发射时折叠或收缩在运载火箭内，在进入轨道后展开或伸展到预定位置。结构与结构分系统常用铝合金、钛合金（见图2-2）、碳纤维复合材料（见图2-3）等轻质高强

▼图2-2　钛合金

度材料制造。

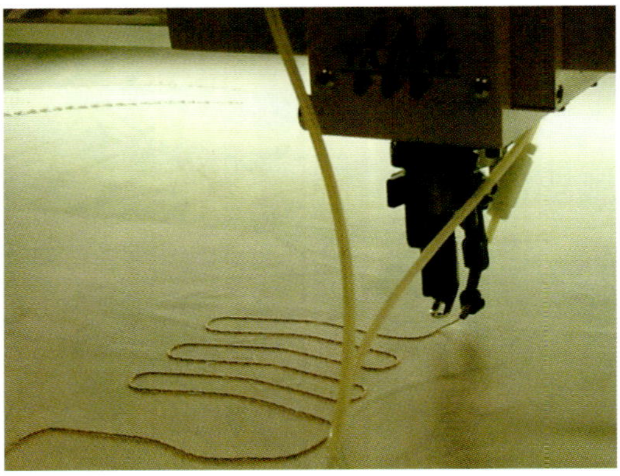

▲ 图 2-3　碳纤维复合材料
图片来源：Wikimedia Commons

姿态与控制系统

液态与控制系统用于控制卫星的姿态、角速度、轨道等状态，使其能够准确地执行任务的分系统，包括三个部分：姿态传感器、姿态控制器和执行器。

姿态传感器是卫星姿态与控制系统中的重要部分，它用于测量卫星的姿态信息，包括卫星的方向、角度、速度等。常用的姿态传感器包括陀螺仪（见图 2-4）、星敏感器（见图 2-5）、磁强计（见图 2-6）等。

▲ 图 2-4　陀螺仪

姿态控制器（见图 2-7）是卫星姿态与控制系统中的核心部分，它基于传感器测量的数据，计算出所需的控制信号，使卫星保持所需的姿态、角速度和轨道等状态。常用的姿态控制器包括反馈控制器、自适应控制器、模糊控制器等。

▲ 图 2-5　星敏感器

执行器是卫星姿态控制系统中的执行部分，用于实现姿态控制器输出的控制信号，使卫星达到所需的姿态、角速度和轨道等状态。常用的执行器包括反动轮、推进器（见图 2-8）等。

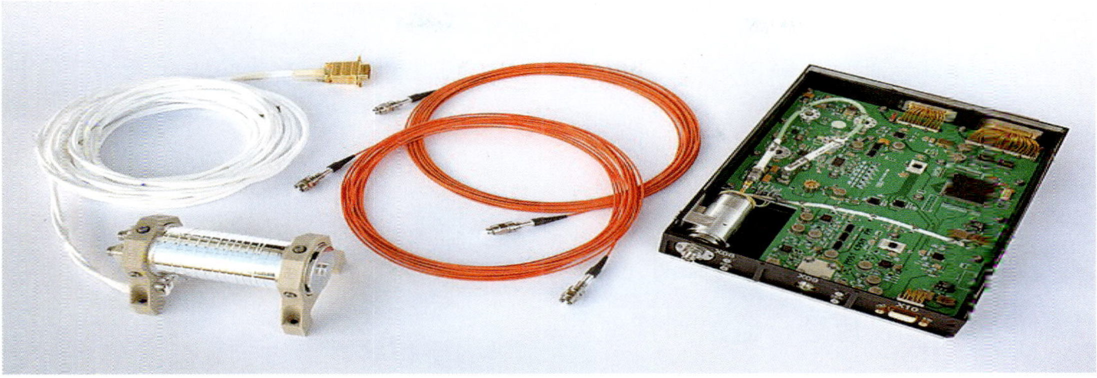

▲ 图 2-6　磁强计

▲ 图 2-7　姿态控制器

▲ 图 2-8　推进器
图片来源：Wikimedia Commons

计算机控制系统

卫星的计算机控制系统（见图 2-9）是卫星较为核心和复杂的分系统之一，用于实现对卫星的监视、控制、数据处理和任务执行等功能。通常由三部分组成：处理器、存储器和输入输出设备。处理器是计算机控制和计算的核心部件。存储器用于存储程序和数据，包括随机存储器和只读存储器。输入输出设备包括各种传感器、执行机构和通信设备，用于接收和发送数据以及执行指令。

卫星计算机控制系统的任务包括卫星的姿态控制、导航定位、能源管理、通信控制、数据处理和任务执行等。在卫星的姿态控制方面，计算机控制系统需要对卫星进行姿态测量、控制和稳定。在导航定位方面，计算机控制系统需要对卫星的位置和速度进行计算和控制。在能源管理方面，计算机控制系统需要对卫星能源的消耗和供应进行监控和管理。在通信控制方面，计算机控制系统需要控制卫星与地面通信站的通信过程。在数据处理方面，计算机控制系统需要对卫星传输的数据进行处理和存储。在任务执行方面，计算机控制系统需要控制卫星完成各种任务，如地球观测、科学研究、军事侦察等。

▶ 图 2-9　立方星星载计算机
图片来源：Wikimedia Commons

热控系统

这是卫星的“衣服”和温度调节器，它负责保护卫星免受太空环境中极端温差（范围大约可以从 150 摄氏度到零下 100 摄氏度）的影响，并维持各个设备在适宜工作温度范围内。

热控系统一般由被动式热控元件和主动式热控元件组成。被动式热控元件利用材料特性或表面处理方式来调节吸收或辐射太阳能量，如涂层、隔热毯等；主动式热控元件利用能量转换或传输方式来增加或减少某些区域的温度。主动式热控元件分为加热器和热电制冷器两种类型。加热器是一种通过将电能转换为热能来提高卫星温度的装置，它通常由一根或多根细丝组成，被包裹在卫星外壳的内侧，可以根据需要进行加热。加热器的工作原理类似于电热水壶，通电后，加热器内的细丝会发热，将热能传递给卫星外壳，从而提高卫星的温度。热电制冷器则是一种通过反转热电效应来降低卫星温度的装置。

电源系统

电源系统主要负责提供卫星所需的电能，并将其分配给卫星各个部分。卫星的电源系统包括太阳能电池板、电池、能量管理系统和电路保护系统等组成部分（见图 2-10）。

太阳能电池板是卫星电源分系统的主要来源，通过吸收太阳能并将其转换成电能为卫星提供电源。太阳能电池板通常由多个太阳能电池组成，可以在太阳能照射下进行充电，并在卫星不再受到太阳照射时提供电源。

电池作为备用电源，主要用于在卫星受到不稳定的太阳照射或其他情况下提供稳定的电源。电池通常分为

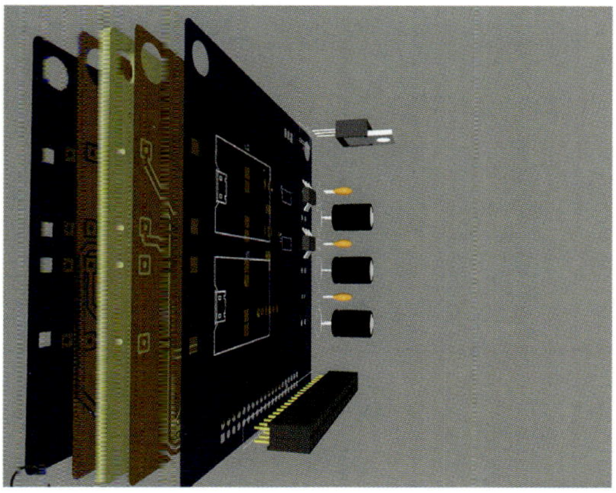

▲ 图 2-10　立方星电源系统
图片来源：Oshwlab

锂电池、镍氢电池等类型。不同类型的电池具有不同的特性，需要根据卫星的需求进行选择和配置。

能量管理系统主要用于监测和管理卫星电源系统的电能流动和使用，确保卫星的各个部分都能够得到足够的电源供应。能量管理系统一般包括电源转换器、电源分配器、电源控制器等组成部分。

电路保护系统则是保障卫星电源分系统的安全性和可靠性的关键部分，一般具有过载保护、短路保护、电压过高 / 过低保护等功能，用于保护卫星电源分系统免受外部环境和内部故障的影响。

通信系统

这是用于卫星与地面或与其他卫星之间通信交流的系统。卫星通信系统的主要作用是进行信息传输和通信，它通过卫星接收地面或其他卫星发来的信号并将其转发给指定目标。卫星通信系统由多个组件组成，其中包括：

（1）**天线**：卫星通信系统的核心

部件，用于接收和发射无线电波信号（见图 2-11）。

▲ 图 2-11 立方星天线
图片来源：Wikimedia Commons

（2）**收发器**：将接收到的信号放大并发送回地面或其他卫星。

（3）**信号处理器**：处理接收到的信号，将其转换为数字信号，并对其进行编解码和压缩，以便更好地传输和存储。

（4）**跟踪系统**：用于控制卫星天线的指向和姿态，以确保卫星能够接收和发送信号。

推进系统

推进系统是用于卫星变换轨道和姿态的系统。卫星的推进系统可以使用多种不同的推进技术，例如化学推进、电推进、离子推进等。其中，化学推进技术是最常见的一种，它利用化学反应将燃料和氧化剂混合燃烧产生推力，从而驱动卫星移动。

卫星的推进系统需要配备推进剂储存装置、推进剂喷射器、推进剂供应系统、推进剂引导控制系统等组成部分。其中，推进剂储存装置主要用来存储推进剂，通常采用高压气体或压力罐存储推进剂。推进剂喷射器用来将推进剂喷射出去，通常采用反作用式推进器（见图 2-12），也就是将推进剂喷射出去，推进器会相应地向相反的方向产生一个反作用力，从而推动卫星移动。推进剂供应系统主要用于将推进剂输送到喷射器中，包括推进剂泵和推进剂管路等组成部分。推进剂引导控制系统主要用于控制喷射器的方向和推进剂的流量，从确保卫星移动的精确性和稳定性。

有效载荷

有效载荷是指卫星用于执行其设计任务的部分。这些任务包括地球

▲ 图 2-12　美国国家航空航天局的 OCSD 立方体卫星用水蒸气进行推进
图片来源：Wikimedia Commons

观测、通信、导航、科学研究等。有效载荷通常包括传感器、仪器、电子设备、电源系统和其他相关部件。

以地球观测卫星为例，其有效载荷通常是一组传感器和相应的信号处理设备。这些传感器可以是光学、红外、微波或雷达设备，用于收集地球的图像、温度、湿度等信息。这些数据可以用于地质研究、气象预报、自然灾害监测等。

另一个例子是通信卫星，其有效载荷通常是一组发射和接收天线，以及相关的信号处理设备。这些卫星可以提供电话、互联网、电视和广播等服务。在这种情况下，有效载荷必须具有高度可靠性和可操作性，以确保通信信号的传输质量。

再比如导航卫星，其有效载荷是由一组高精度的时钟和接收天线组成的，用于向地面用户提供定位和导航服务。这些卫星必须具有高度的时间稳定性和信号精度，以确保用户准确地进行导航。

而科学研究卫星的有效载荷可能

包括各种传感器、仪器和实验设备，用于研究太阳、行星、星系和宇宙中的其他现象。这些卫星必须具有高度的稳定性和精确性，以确保能够获得可靠的数据和研究结果。

下面，我们来详细解构一颗立方星（见图 2-13）。

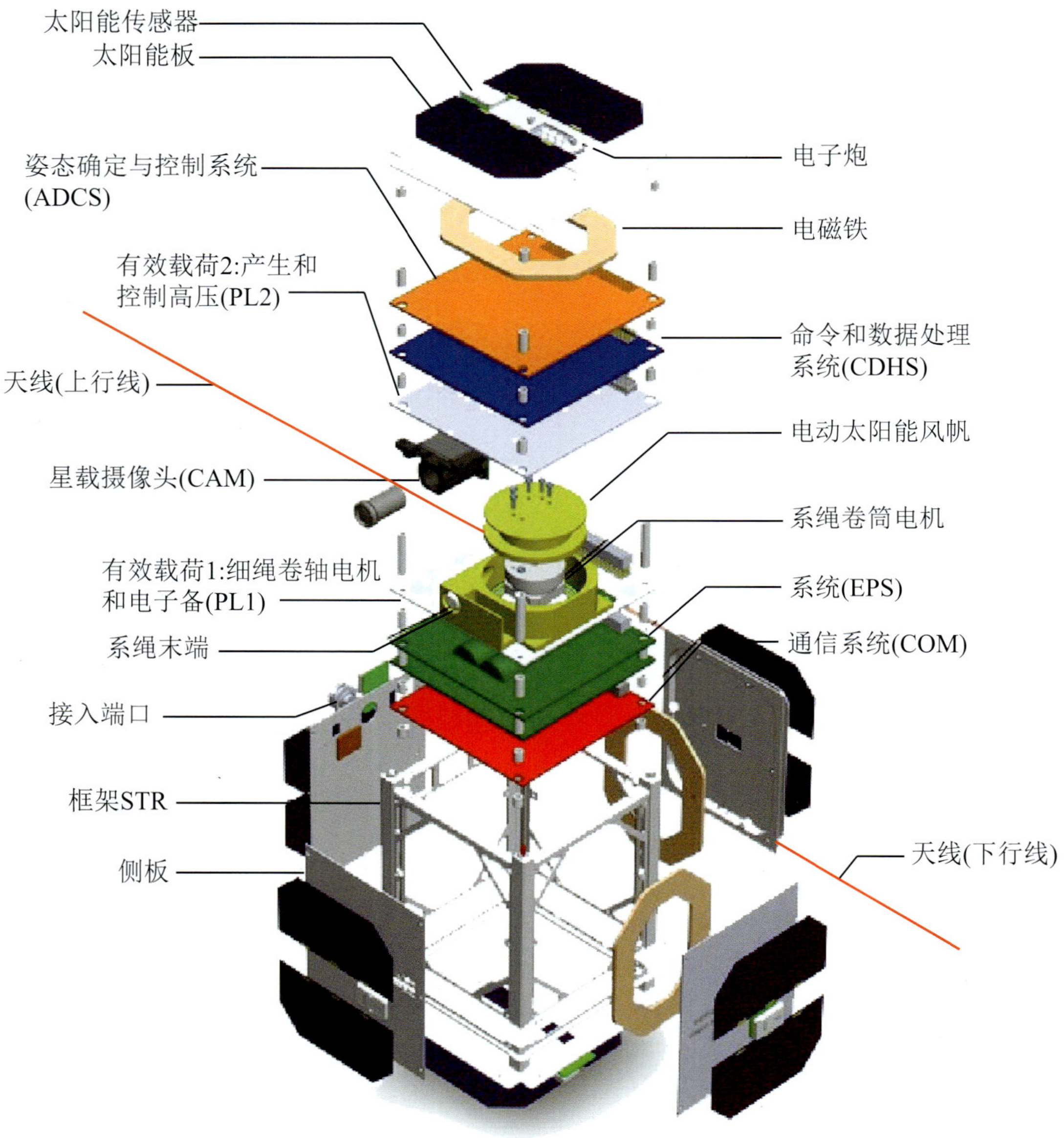

▲ 图 2-13　1 U 立方星的结构分解图

卫星轨道

在浩瀚无垠的太空中，每一颗卫星都有一个独特的轨道。这些轨道经过精心设计，以确保卫星在穿越太空时不会相互碰撞。以下介绍几种典型的卫星轨道。

近地轨道

近地轨道（Low Earth Orbit，LEO）是一种典型的卫星轨道。它的轨道高度相对较低，到地球表面的距离一般是200~1200千米。虽然近地轨道距地球表面的高度相较于其他轨道是相对较低的，但还是远高于普通飞机所达到的高度。

近地轨道有许多特点。首先，它的轨道运行周期相对较短。由于轨道高度越低，意味着需要更快的运行速度来平衡所受的地球引力，因此近地轨道上的卫星运行速度大约为8千米/秒，运行一周的时间大概为90分钟。

其次，近地轨道上的卫星与使用者相距更近，因此无线电信号的往返延迟时间会大大减少。这意味着使用者可以更快地接收到卫星发出的信号。

此外，将卫星送入近地轨道所消耗的能量相比于更高轨道所消耗的能量会更少。这意味着近地轨道上的卫星可以更快、更经济地发射升空。

然而，近地轨道上的卫星也会受到气体阻力的影响，因此轨道高度通常不会低于300千米。这意味着近地轨道上的卫星需要定期调整轨道以保持稳定。

很多不同种类的卫星都使用近地轨道，比如通信卫星、地球观测卫星和国际空间站等。它们在太空中执行各种重要任务，为人类带来巨大的便利和福祉。

地球同步静止轨道

地球同步静止轨道（Geostationary Earth Orbit，GEO）是一种应用非常广泛的轨道，适用于直播、通信或中继系统。它的一大优点就是卫星能够全天固定在地球上空的某个位置，这样天线就能一直指向卫星。

地球同步轨道这个概念在很多年前就已经被提出来了。其中一位可能最先提出该设想的人是苏联理论和科幻小说作家康斯坦丁·齐奥尔科夫斯基（Konstantin E. Tsiolkovsky，1857—1935）。1928年赫尔曼·奥伯特（Hermann Oberth，1894—1989）和赫尔曼·波托西尼克（Herman Potočnik，1892—1929）描绘了距地球35900千米的轨道站会每24小时绕行地球一周，而且静止在地球赤道上空。

1945年10月，英国科幻小说家亚瑟·查理斯·克拉克（Arthur Charles Clarke，1917—2008）在英国杂志《无线电世界》上发表了一篇文章，标题为《地球外的中继》（*Extra-terrestrial Relay*）。克拉克依据当时德国的火箭技术，推测只需要3颗对地静止卫星就能覆盖全世界。他在文章中列出了轨道特性的要求，以及发射机功率、可能要用到的太阳能发电，甚至还计算了日食的影响。

克拉克这篇文章的理念是极其超前的。一直到1963年，美国国家航空航天局开始发射卫星，该理论才得以验证（见图2-14）。第一颗成功发射并用于试验的Syncom 2卫星于1963年7月26日发射升空。

如今，地球同步卫星轨道已经成为人类探索和利用太空资源的重要工具。

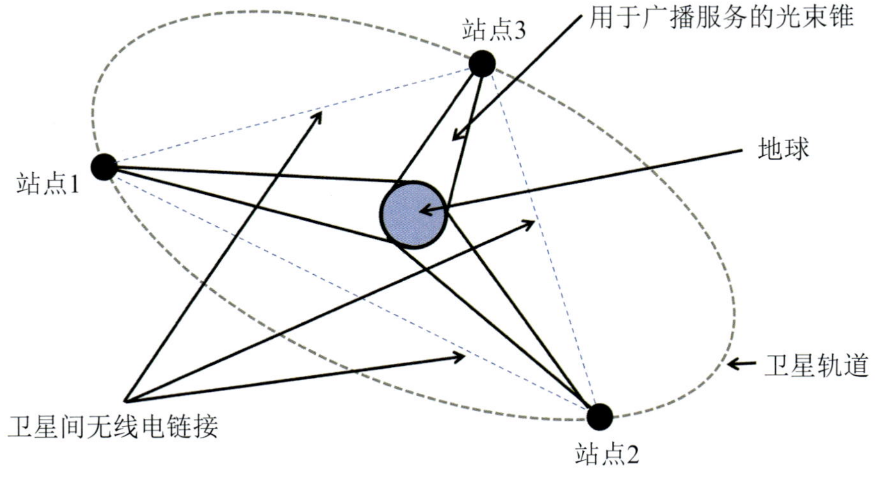

▲ 图 2-14　地球同步静止轨道

太阳同步轨道

太阳同步轨道（Sun Synchronous Orbit，SSO）是一种特殊的近地轨道，它使卫星的轨道平面始终与太阳保持固定的取向。换句话说，卫星每天在相同的地方经过时，会位于相同的太阳高度角（见图 2-15）。这样一来，卫星就能够在几乎相同的太阳照射条件下对地面进行观测，这对于遥感卫星、气象卫星等任务具有显著优势。太阳同步轨道卫星通过轨道进动与地球绕太阳公转同步，确保卫星每次经过同一地点时，太阳的位置相对固定。

太阳同步轨道上的卫星通常位于 600 千米至 800 千米的高度范围内。在 800 千米高度时，卫星的运行速度约为每秒 7.5 千米。太阳同步轨道一般为近圆形轨道，这有助于保持轨道参数的稳定性，简化轨道维护和控制，并确保卫星在轨道上的飞行条件一致，从而提高任务的可靠性和效率。

太阳同步轨道的关键在于轨道平面的进动，这主要由地球的赤道隆起（地球非完全球形）引起的地球重力场不均匀性导致。地球的赤道隆起使得卫星轨道的升交点以一定的速率向西移动。为了实现太阳同步，轨道进动的速率必须与地球绕太阳公转的速率相匹配，通常为每年约 1 圈（每天进动约 0.986°）。这种精确的进动确保了卫星轨道平面与太阳的位置关系保持恒定。

卫星的轨道平面同样至关重要。不同的轨道平面可能沿着赤道或其他倾角运行。卫星轨道倾角是指轨道平面与地球赤道平面之间的夹角（见图 2-16）。例如，沿赤道运行的赤道轨道倾角为 0°（或 180°），而经过地球南北两极的极地轨道倾角为 90°。太阳同步轨道通常具有较高的轨道倾角，接近极地轨道（通常在 98° 左右），以确保卫星能够覆盖地球的各个纬度区域，并实现每日一致的太阳照射条件。

太阳同步轨道广泛应用于遥感、气象、环境监测和军事侦察等领域。例如，遥感卫星如 Landsat 系列和

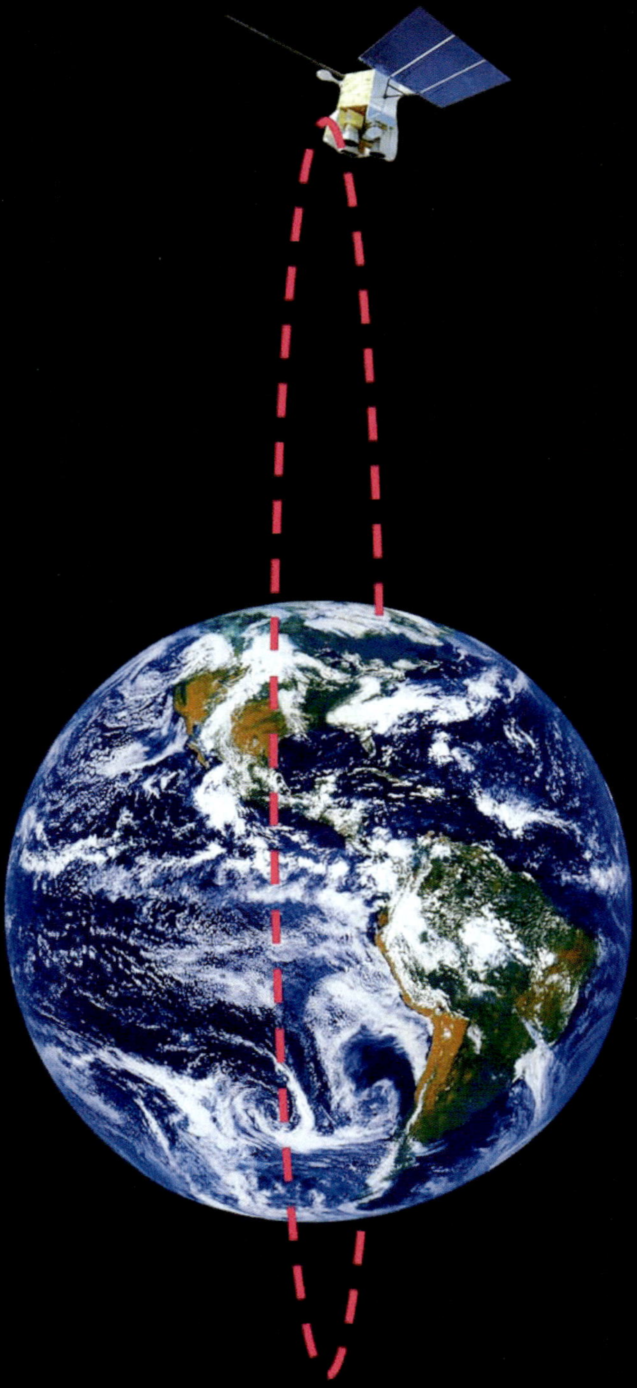

图 2-15　太阳同步轨道

Sentinel 系列，气象卫星如 NOAA 系列，均采用太阳同步轨道，以确保定期获取一致光照条件下的地表图像。这种一致性对于长期监测地表变化、气象预测和资源管理等任务至关重要。

高椭圆轨道

高椭圆轨道（High Earth Orbit，HEO）是一种轨道高度显著高于近地轨道（LEO）且轨道偏心率较高的轨道类型。HEO 的主要特点是其轨道的远地点（Apogee）位于地球上空超过 35786 千米（地球同步轨道高度）的高度，这使得卫星能够在较长时间内停留在地球的特定区域上空，尤其适用于覆盖高纬度和极地地区。

通过在高椭圆轨道上部署多颗卫星，可以实现对地球任意区域的持续覆盖。通常，使用两颗或更多卫星以相位差部署在 HEO 轨道上，可以确保任何时刻至少有一颗卫星处于对地覆盖区域内，从而实现几乎不间断的通信或观测服务（见图 2-17）。

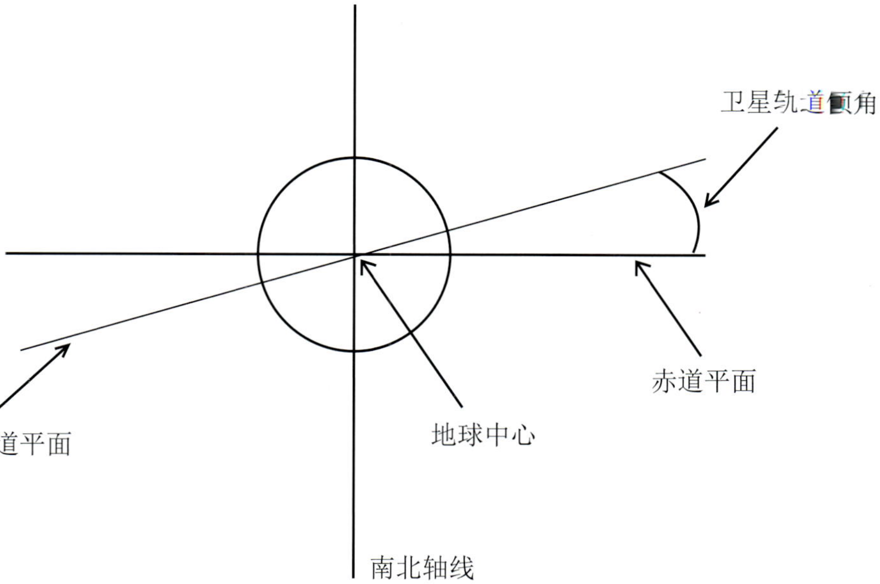

▲ 图 2-16　卫星轨道倾角示意图

由于高椭圆轨道的高度较高，卫星受到的大气阻力较小，因此轨道保持和维护所需的推力较少，延长了卫星的使用寿命。但也正因如此，卫星需要更高的发射能量，这导致发射成本相对较高。此外，卫星在 HEO 轨道上的部署和轨道转移也更加复杂。

高椭圆轨道卫星能够为高纬度和极地地区提供稳定的通信服务，弥补地球同步轨道卫星在这些区域覆盖不足的问题。例如，俄罗斯的“高椭圆轨道卫星系统”(Molniya 卫星) 就是专门为高纬度通信设计的。此外，高椭圆轨道卫星还适合进行地球观测、空间科学实验和天文学研究，特别是需要长时间观测特定区域的任务。

立方星的功能

由于立方星体积小、质量轻、结构简单，它可以利用成熟的商业化和标准化技术生产，并拥有成熟的发射和运行维护方案，这使得它们成为科学研究和商业应用的理想选择。以下是立方星常见功能。

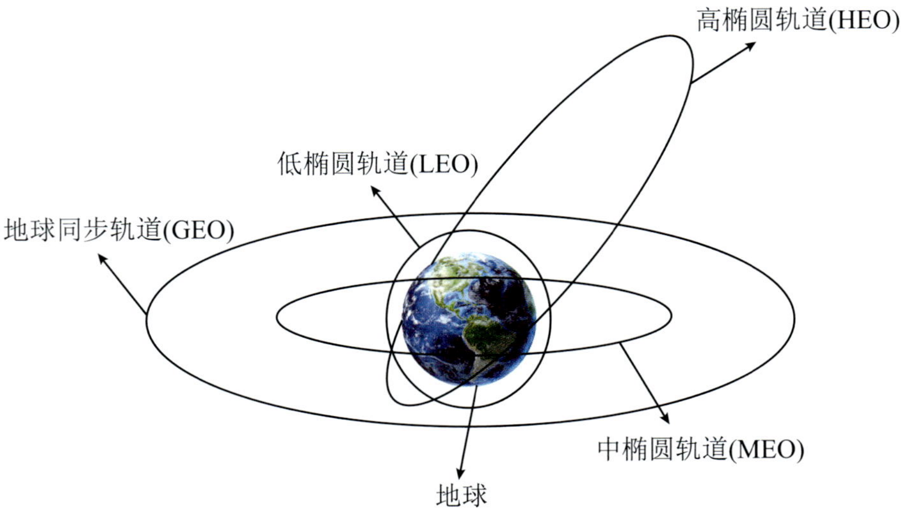

▲ 图 2-17 高、中、低椭圆轨道与地球静止轨道

观测地球

立方星可以用于地球观测，也就是拍摄地球的照片和收集地球的数据。这些卫星通常搭载高分辨率相机和其他仪器，可以用来监测气候变化、自然灾害、农业生产、城市规划等。例如，芬兰学生制造的Aalto-1卫星就是一颗用于地球观测的立方星。Aalto-1不仅能够捕捉可见光谱范围内的图像，还搭载了用于监测空间辐射的仪器，从而为太阳风研究提供辅助数据。

通信

立方星还可以用于通信，即通过卫星传输数据。这对于在偏远地区或海洋上工作的人们非常重要，因为它可以提供更好的连接和通信。

科学研究

由于立方星体积很小，因此它们可以进行多卫星组合，用于进行各种科学实验。这些实验涵盖物理、化学、生物学等多个领域。例如，欧洲航天局（ESA）利用立方星进行太阳风研究，通过部署多个立方星，可以实现对太阳风的多点观测，获取更全面的数据。此外，立方星还被用于空气污染监测、大气成分分析、地球磁场研究等科学任务。立方星的模块化设计允许科学家根据具体研究需求搭载不同类型的传感器和仪器，极大地拓展了其应用范围。

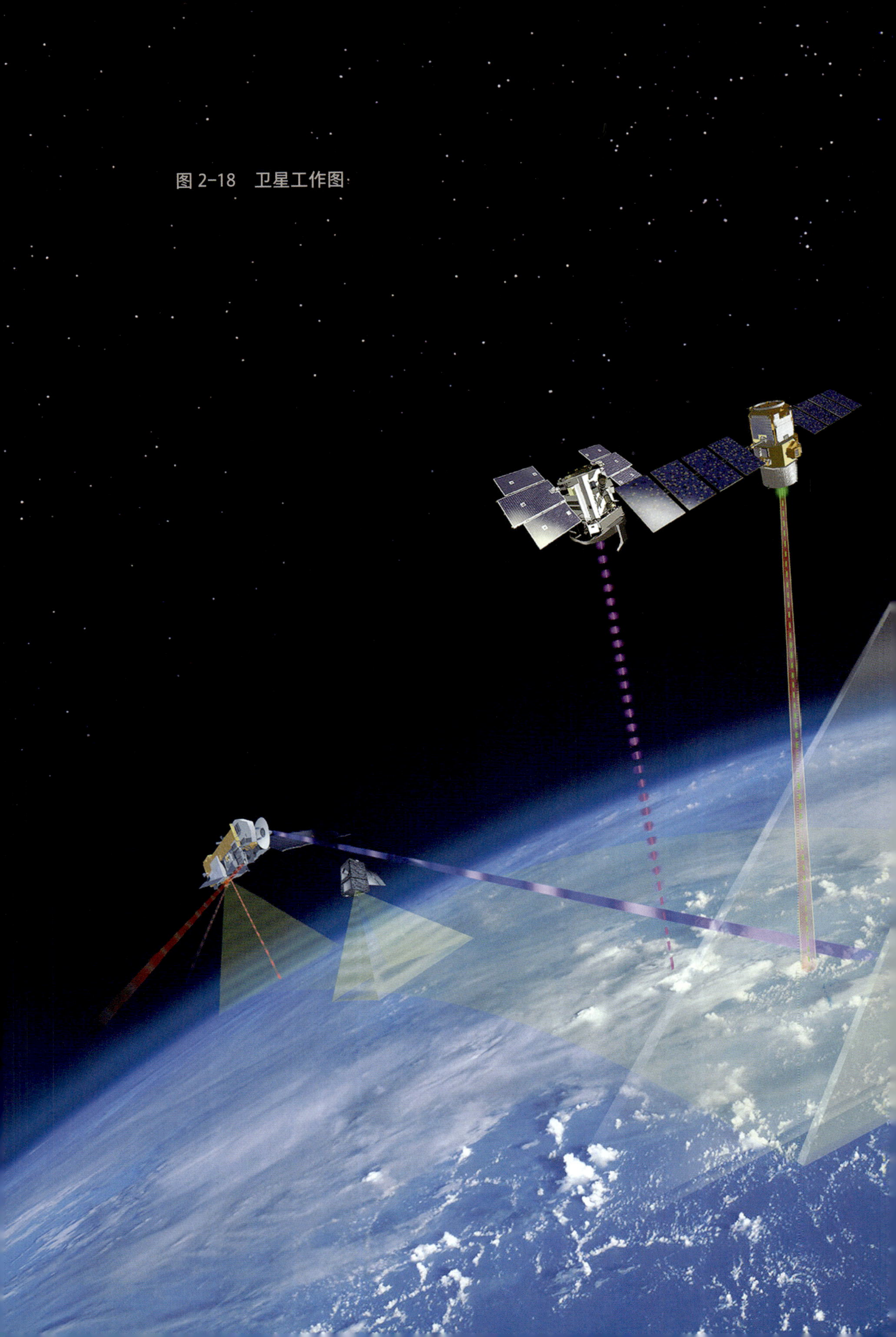

图 2-18　卫星工作图

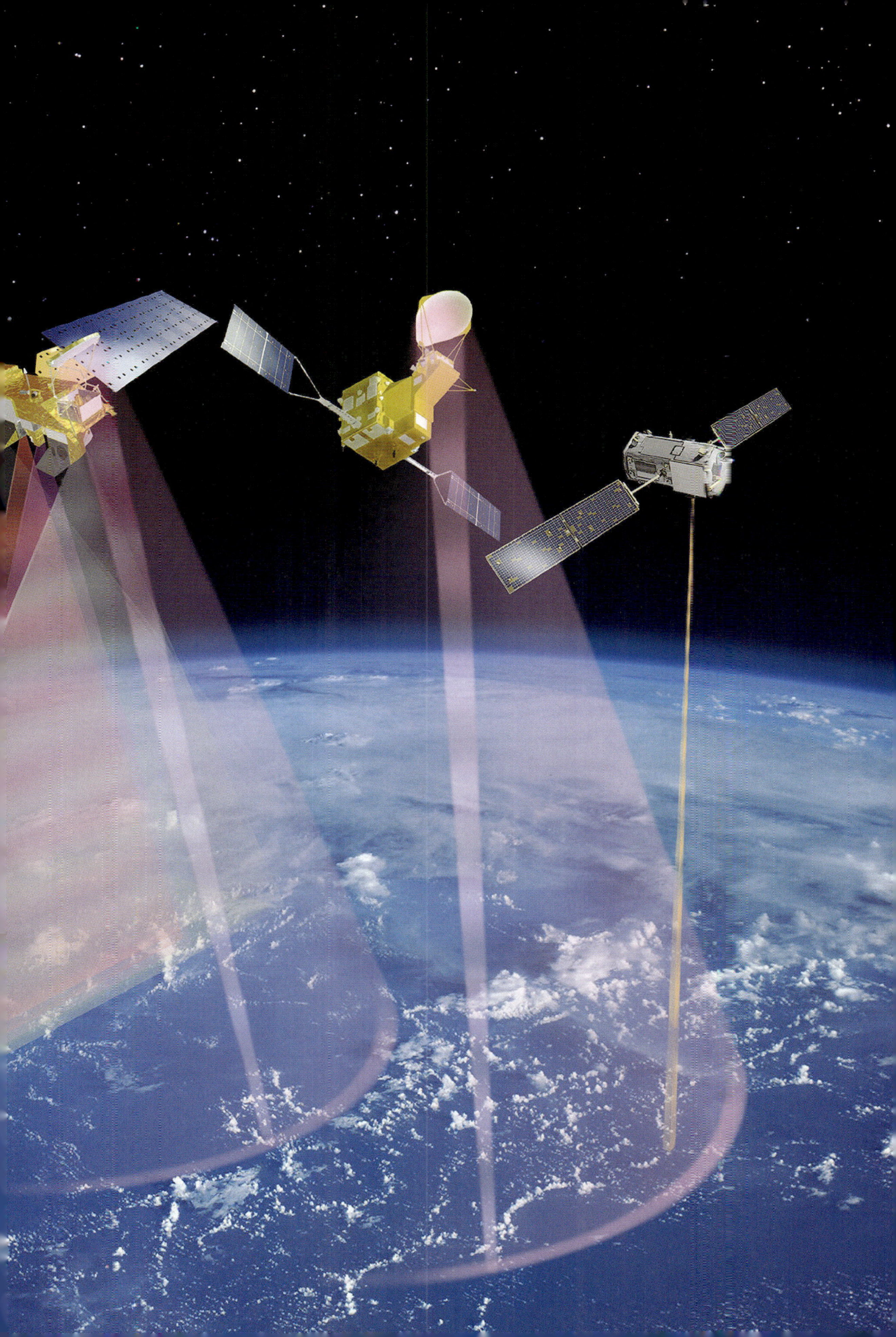

姓名：____________________　　日期：____________________

学习测试：立方星与传统卫星

经过前面的学习，请你回答以下问题。

（1）立方星与传统卫星各有哪些特点？

（2）卫星对我们的日常生活产生了哪些影响？

（3）如果由你设计一颗卫星，你希望它具有什么功能？它将对我们的生活产生什么积极影响？

姓名：＿＿＿＿＿＿　　日期：＿＿＿＿＿＿　　班级：＿＿＿＿＿＿

记　录　纸

姓名:______________ 日期:______________ 班级:______________

记 录 纸

3 研究问题 II：立方星案例

飞向火星：MarCO

2018 年 5 月 5 日，美国国家航空航天局发射了“洞察”号火星探测器，伴随着“洞察”号一起飞往火星的还有“火星立方星一号”（MarCO，见图 3-1 和图 3-2），该任务由名为 MarCO-A 和 MarCO-B 的立方星组成。这两颗立方星的尺寸均为 6 U，体积尺寸为 10 厘米 ×20 厘米 ×30 厘米，质量为 13.5 千克，是目前最小的深空通信卫星。它们被用作中继器，以帮助美国国家航空航天局在“洞察”号火星探测器降落时传递数据。

MarCO-A 和 MarCO-B 的外形就像一个小盒子，里面装着电路板、电池、天线和控制设备等。它们配备了高效率的太阳能电池板，可以为它们提供持续的电力。这两颗卫星的特别之处在于，它们还配备了一种特殊的天线，这种天线可以放大信号，让

▼ 图 3-1 火星立方星一号结构示意图

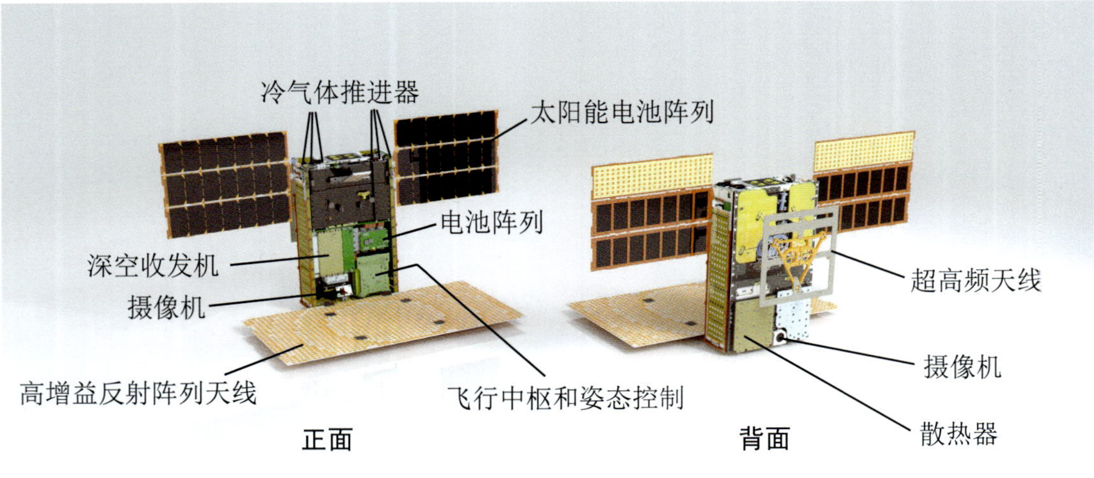

▲ 图 3-2　安装火星立方星一号
图片来源：Wikimedia Commons

它们更容易把数据传送到地球上的接收站。

探索月球的水资源：LunaH-Map

LunaH-Map（“月球氢图”）是美国国家航天航空局的一颗 6 U 立方星（见图 3-3），质量约为 14 千克，旨在探测月球南极区域的水矿藏。LunaH-Map 搭载了一个中子谱仪，可以测量月球表面反射的中子和伽马射线，从而推断出月球中的水含量和分布。它于 2022 年 11 月 16 日随太空发射系统（SLS）和“猎户座”飞船一起发射，并于 11 月 21 日首次飞越月球。

LunaH-Map 在发射后从“猎户座”飞船分离，进入一个高椭圆环月轨道，近月点约为 10 千米，远月点约为 6000 千米。它将利用自身携带的推进系统调整轨道参数，使其近月点始终位于月球南极区域。该卫星在轨道上运行 60 天，每天进行两次近月点过程，在这期间开启中子谱仪收集数据。它将覆盖约 200 平方千米的区域，绘制出月球南极区域水含量的高分辨率地图。

LunaH-Map 的能源系统包括太阳能电池板、电池和推进系统。

LunaH-Map 的太阳能电池板由两个可折叠翼组成，每个翼有 3 个面，总面积约为 0.3 平方米（见图 3-4）。太阳能电池板采用三结 GaInP/GaAs/Ge 太阳电池，转换效率达 30%。太阳能电池板在发射前折叠在立方星的侧面，发射后展开并对准太阳，为立方星提供电力，并给电池充电。

LunaH-Map 的电池是一组锂离子电池，容量为 40 安时，可以在没有太阳光照时为立方星提供电力。电池的充放电控制由一个专用的电源管理模块负责，可以根据立方星的工作模式和状态调节电流和电压。

LunaH-Map 的推进系统是一个单轴喷气推进器，使用液态氙作为推进剂，最大推力为 0.5 牛顿。推进系统的主要功能是调整立方星的轨道和姿

▼ 图 3-3　LunaH-Map 立方星
图片来源：Wikimedia Commons

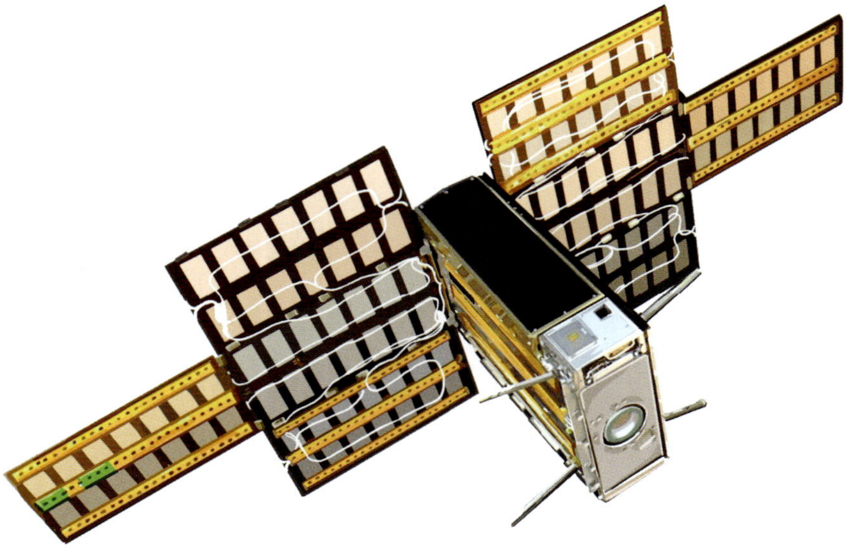

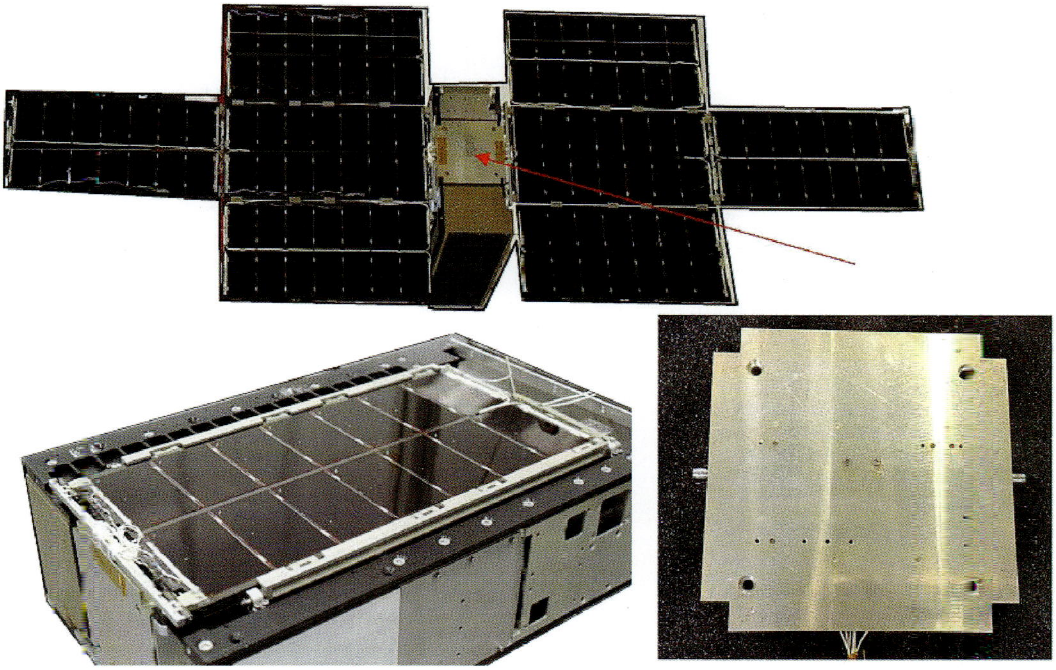

▲ 图 3-4　LunaH-Map 太阳能电池阵列：三面板翼设计（上部）；翼和发射限制按存放要求进行缩放（左下）；太阳能电池阵列驱动装置（右下）

态，使其能够进入环绕月球南极的高椭圆轨道，并在每次近月点时开启中子谱仪进行科学观测。推进系统由 1 个储气罐、1 个阀门、1 个喷嘴和 1 个控制器组成，总质量约为 3 千克。

LunaH-map 的太阳能电池阵列驱动装置，有助于实现更高的平均轨道功率并启用峰值功率跟踪。太阳能电池阵列驱动装置具有 ±180 度的转动范围，每个翼最多可达 16 个信号 / 电源通道，转动速度高达 0.188 转 / 分钟。

深空探测资源：INSPIRE

INSPIRE（“相关环境星际纳航天器探路者”）是一项由美国国家航空航天局资助的深空探测任务，旨在验证立方星在星际空间的生存、通信和导航能力，以及探测太阳风结构。INSPIRE由两颗完全相同的3U立方星组成，每颗卫星上都携带磁强计和成像仪。

INSPIRE的能源系统主要包括太阳能电池板、电池和电源管理模块。太阳能电池板贴在立方星的外表面，利用太阳光为立方星提供电能。电池用于储存多余的电能，以备太阳光不足或被遮挡时使用。电源管理模块负责控制和分配电能，以保证立方星的正常运行。

根据美国国家航空航天局的介绍，INSPIRE的太阳能电池板由多晶硅材料制成，每个面有9个单元，共有54个单元。每个单元的尺寸为3.5厘米×3.5厘米，输出功率为0.5瓦。太阳能电池板的总输出功率为27瓦，其中约10%用于充电，剩余的用于驱动载荷和其他组件。

INSPIRE的电池由锂离子材料制成，容量为30安时，可以提供约108瓦时的储备能量。电池可以在零下20摄氏度到60摄氏度的温度范围内工作，具有良好的循环寿命和抗辐射性能。

INSPIRE的电源管理模块由1块主板和2块子板组成，主要功能有：监测太阳能电池板和电池的状态；控制充放电过程；保护电路免受过流、过压、欠压等故障；分配不同优先级的功率给载荷和其他组件；与姿态控制系统协调调节太阳能电池板的角度；与通信系统交换遥测数据等。

学习测试：立方星大调查

请你调查一颗立方星的信息，并完成下面的内容。

（1）名称

（2）尺寸

（3）功能

（4）生产国家

（5）质量

（6）发射时间

（7）工作时长

姓名:______________　　日期:______________　　班级:______________

记 录 纸

姓名:______________　　日期:______________　　班级:______________

记　录　纸

4 研究问题 III：立方星太阳能能源系统的工作原理

立方星太阳能能源系统有哪些组成部分？

太阳能能源系统是立方星最主要的能源来源，它包含太阳能电池板、电池组以及电源管理单元。

太阳能电池板是立方星太阳能能源系统的核心部分，用于将太阳能转换为电能。这些电池板通常由硅材料制成，其表面布满许多小型光伏电池，每个光伏电池都可以将太阳光转换为一定的电能。

电池组是太阳能电池板的电能存储装置，通常由锂离子电池或镍氢电池组成。它们可以在太阳能电池板无法工作或太阳能充电不足时为卫星提供电力。

电源管理单元是立方星太阳能能源系统的中枢，负责控制太阳能电池板的输出电压和电流，控制电池组的充电和放电过程，从而保证系统的安全和稳定运行。

当立方星进入太阳光照射区域时，太阳能电池板开始工作，将太阳能转换为电能，并通过电源管理单元将电能供应给卫星系统各个部分。当卫星进入地球阴影区域或太阳能充电不足时，电源管理单元将自动切换到电池组供电模式，利用电池组中存储的电能为卫星提供电力。

需要注意的是，太阳能能源系统的工作效率与卫星的轨道位置、太阳能照射强度等因素密切相关。因此，需要对其进行精心设计和优化才能保证其稳定可靠地为卫星供电。

什么是太阳能光伏发电？

太阳能发电是一种无需通过热力学过程直接将太阳能转变成电能的发电方式。它包括光伏发电、光化学发电、光感应发电和光生物发电。

其中，太阳能光伏发电是利用太阳能电池这种半导体电子器件，直接将太阳光辐射能转换为电能的方法（见图 4-1）。它是当今太阳能发电的主流方式，也是航天器能源系统的主要解决方案。

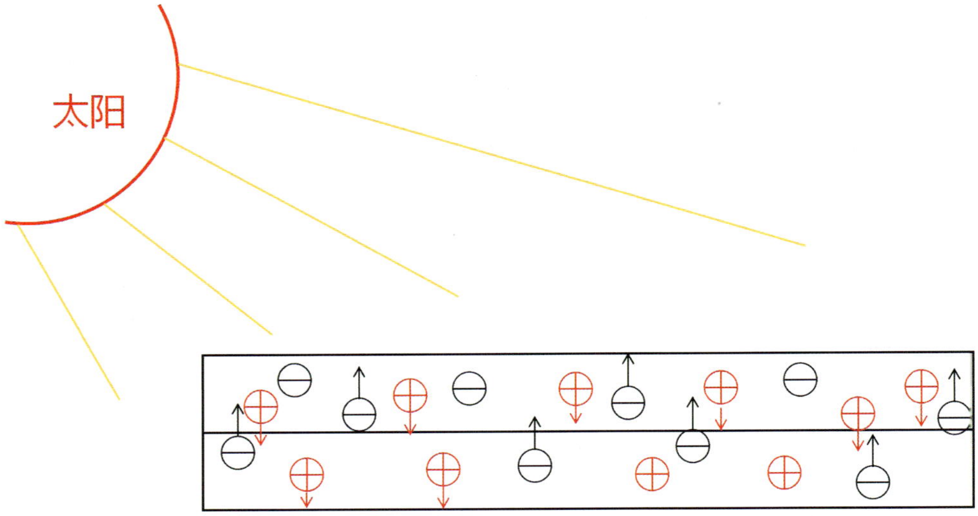

（1）阳光激发太阳能电池板中的电子。

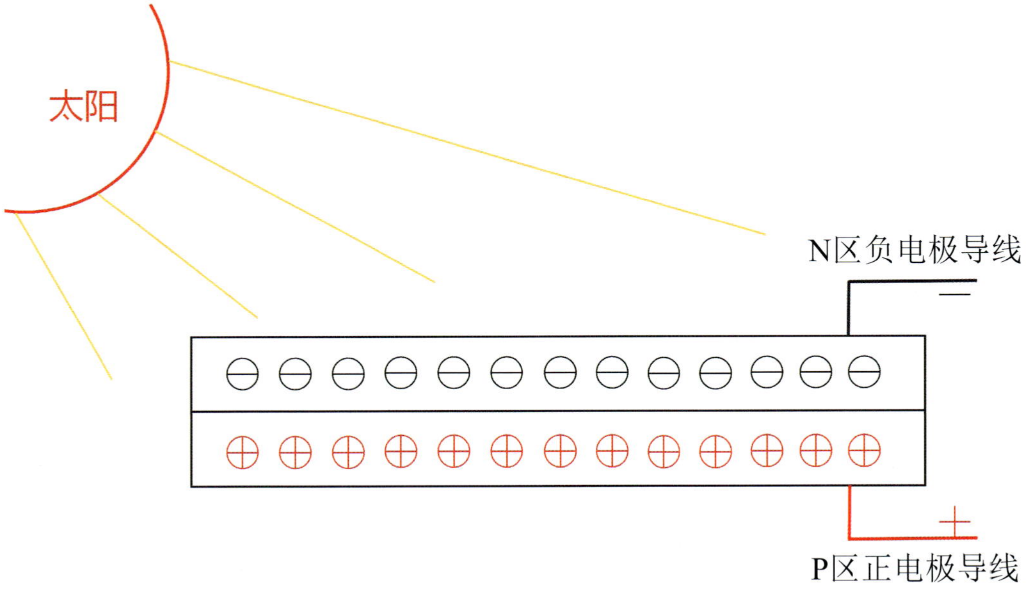

（2）连接导线，产生电流。

▲ 图 4-1　光能转化为电能示意图

太阳能电池单体是用光电转换的最小单元，它的尺寸一般为 4~100 厘米。太阳能电池单体工作电压为 0.45~0.50 伏特，工作电流为 20~25 毫安 / 平方厘米，一般不能单独作为电源使用。

将多个太阳能电池单元进行串联、并联并封装后，就形成了太阳能电池组件。组件的功率一般为几瓦至几十瓦，甚至上百瓦，是可以单独作为电源使用的基本单元。再将多个太阳能电池组件经过串联、并联并安装在支架上，就构成了太阳能电池方阵，可以满足负载所要求的输出功率。

目前常用的太阳能电池主要是硅太阳能电池。它由一片晶体硅片组成，硅片的上表面有紧密排列的金属栅线，下表面为金属层。硅片本身是 P 型硅，其表面通过掺杂工艺形成 N 型层，在这两个区域的交界处形成了所谓的 PN 结。PN 结产生的内建电场，使太阳能电池能够有效地吸收太阳光，并将其转换为电能（见图 4-2）。为了减少光的反射损失，太阳能

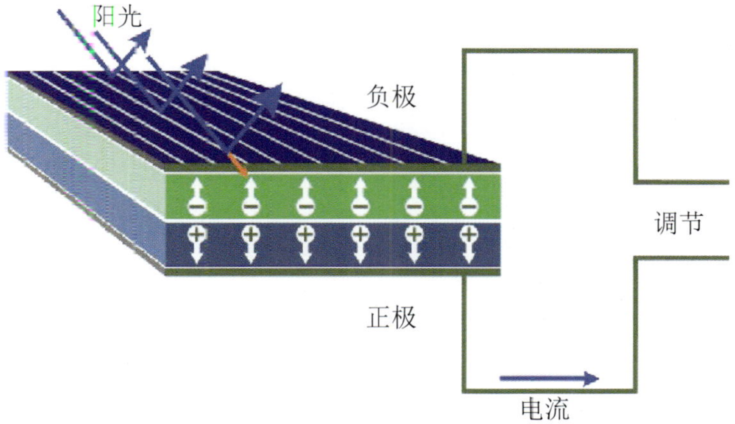

◀ 图 4-2　太阳能电池的横截面示意图

电池的顶部通常覆盖一层减反射膜。

目前常用的硅太阳能电池主要有三种类型：单晶硅太阳能电池、多晶硅太阳能电池、非晶硅太阳能电池（见图 4-3）。

单晶硅太阳能电池采用与半导体工业相同品质的高纯度单晶硅材料，光电转换效率较高，但材料成本较高。

多晶硅太阳能电池的晶体排列无规则，电子和空穴的复合率较高，导致光电转换效率稍低于单晶硅电池，但其制造成本较低，更具经济性。

非晶硅太阳能电池属于薄膜电池，制造成本低廉，但光电转换效率较低，稳定性也不如晶体硅电池。目前多用于手表、计算器等对功率要求较低的弱光设备。

我国的太阳能电池技术起步较晚，但发展迅速。中国国电集团公司研制出了效率高达 34.5% 的柔性砷化镓（GaAs）薄膜电池，国内航天用 GaAs 电池效率约为 32%。在我国已开展的深空探测任务中，探测器的电源系统均采用了“太阳电池阵 + 蓄电池组”的组合方式。

那么，太阳能电池是如何将太阳能转化为电能的呢？

首先，我们需要了解太阳能电池的材料——硅（Si）。硅原子最外层有 4 个价电子（见图 4-4），在晶体中，每个硅原子与周围的 4 个硅原子共享电子，形成稳定的共价键结构。

而磷（P）原子最外层有 5 个价电子（见图 4-5）。当在纯硅中掺入微

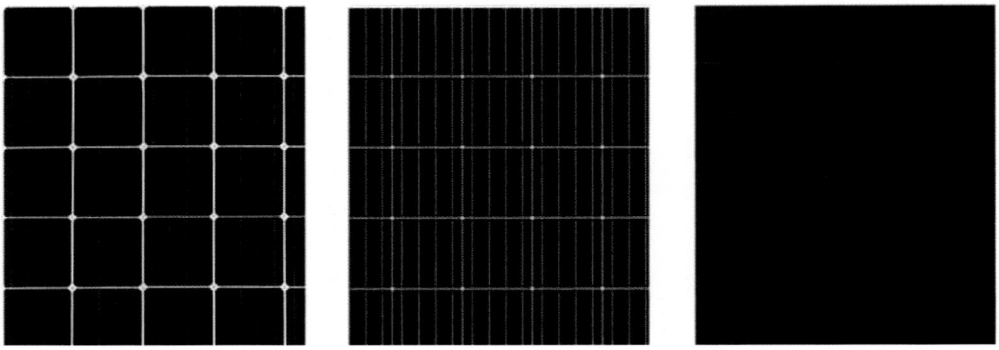

单晶硅太阳能电池　　多晶硅太阳能电池　　薄膜电池

▲ 图 4-3　不同类型的硅太阳能电池

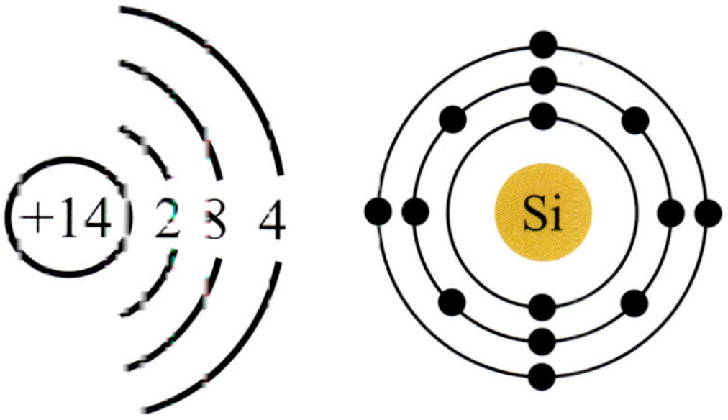

▲ 图 4-4　硅原子排列顺序

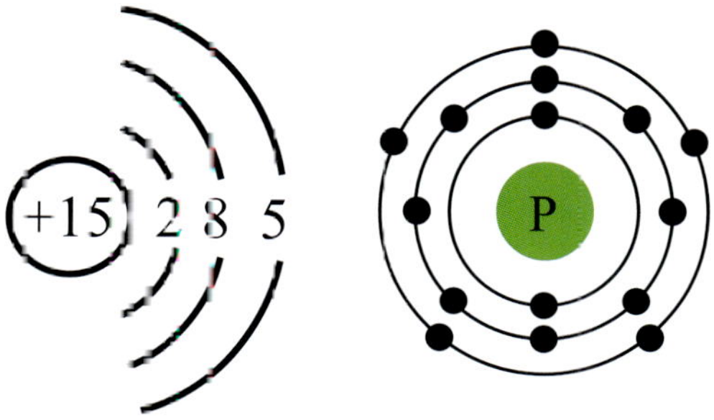

▲ 图 4-5　磷原子排列顺序

量的硅元素后，磷原子与周围的硅原子形成共价键，但会多出 1 个未参与共价键的自由电子，这使得硅材料具有导电性，这种材料称为 N 型半导体（见图 4-6）。

类似地，如果在纯硅中掺入微量的硼（B）元素，因硼原子最外层有 3 个价电子（见图 4-7），会形成 1 个缺少电子的“空穴”，这种材料称为 P 型半导体（见图 4-8）。

将一块 P 型半导体与一块 N 型半导体在原子尺度上紧密结合，形成

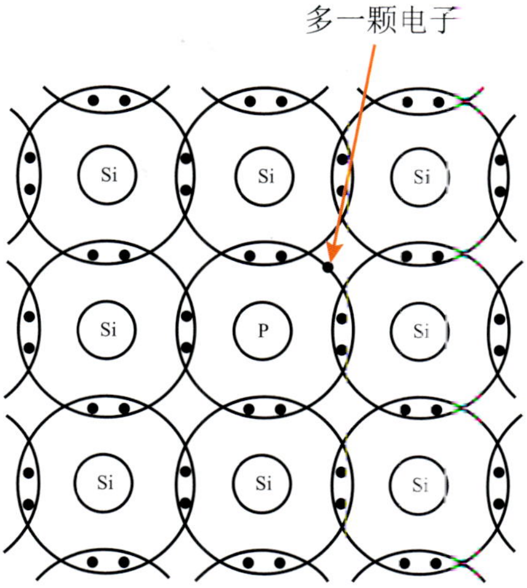

▲ 图 4-6　N 型半导体

▲ 图 4-7　硼原子排列顺序

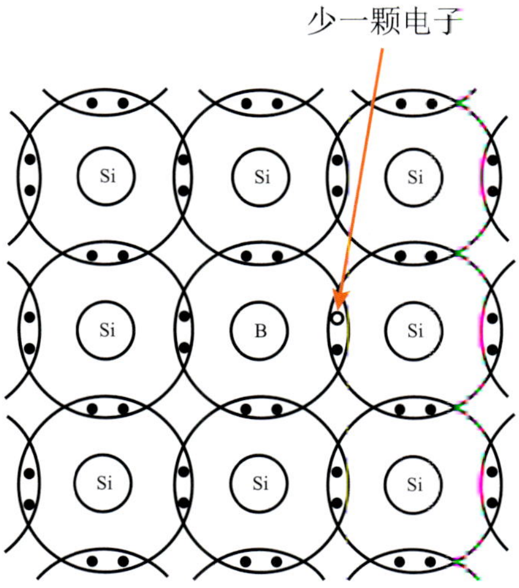

▲ 图 4-8　P 型半导体

一个 PN 结。在 PN 结的界面处，会发生电子和空穴的扩散：N 型区的自由电子由于浓度较高，会扩散到 P 型区，留下固定的正离子。P 型区的空穴由于浓度较高，会扩散到 N 型区，留下固定的负离子。

这种扩散导致在界面处形成一个 空间电荷区，N 型区一侧带正电（因失去电子），P 型区一侧带负电（因得到电子），从而在 PN 结两侧建立起一个内建电场，方向从 N 型区指向 P 型区。

当太阳光照射到太阳能电池上时，光子（光的基本粒子）的能量如果大于半导体的带隙能量，就会在空间电荷区内激发出电子 - 空穴对。在内建电场的作用下，电子被推动到 N 型区，空穴被推动到 P 型区，导致电荷分离，在 PN 结两端形成电势差，这就是光生伏特效应。如果在外部连接负载电路，电路中就会有电流流动，实现了将光能转化为电能（见图 4-9）。

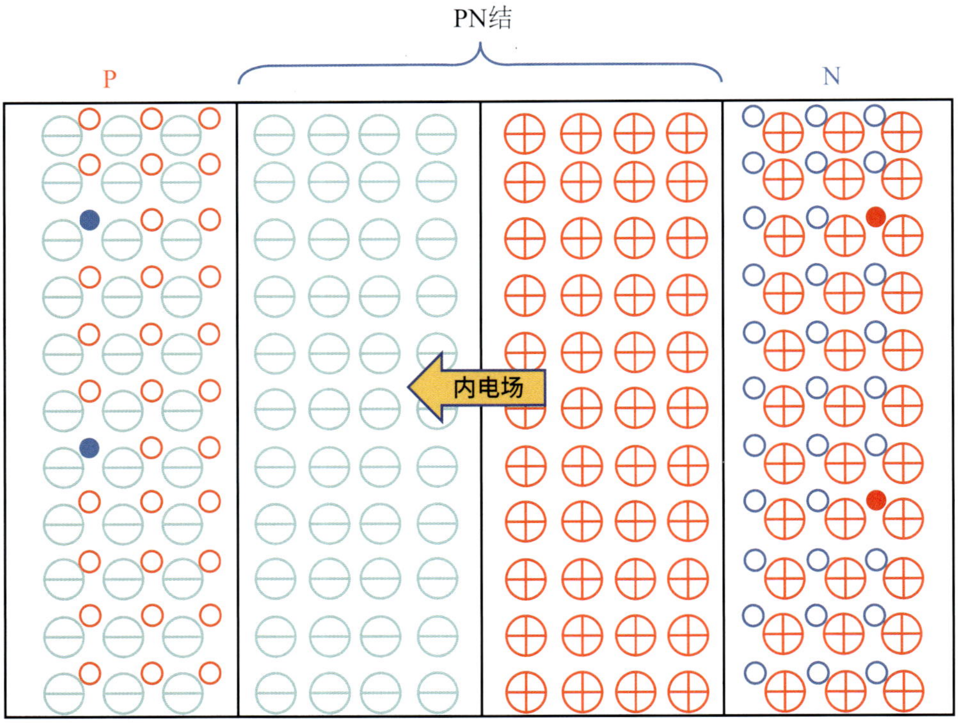

▲ 图 4-9　N 连接导线产生电流示意图

光电效应

拓展阅读

当光照射在金属表面时，金属会发射出电子，这种现象被称为光电效应。这一现象在19世纪末就被发现了，但当时的物理学无法解释它。直到20世纪初，爱因斯坦提出了光量子假说，才揭示了光电效应的本质。

光电效应的发现历程可以分为以下几个阶段。

1. 实验观察阶段

最早观察到光电效应的是德国物理学家赫兹。1887年，他在实验中发现，用紫外线照射带电的金属板时，金属板的放电速度加快了。1888年，德国物理学家海尔瓦克斯（Wilhelm Hallwachs）进行了关于光电效应的实验。他发现，当紫外线照射到金属和绝缘体的接触面上时，金属会失去电子而带正电。海尔瓦克斯的研究证明了光照射可以引起电子的转移。1900年至1902年间，德国物理学家菲利普·莱纳德（Philipp Lenard）对光电效应进行了系统的实验研究。他精确测量了不同频率和强度的光照射下，金属表面发射的光电子的动能和数量。莱纳德发现光电效应的关键规律：光电子的最大动能与入射光频率成正比，光电子的最大动能随着入射光频率的增加而增加。光电子的动能与光强度无关，改变光的强度并不影响光电子的最大动能，但会影响发射光电子的数量。存在截止频率，只有当入射光的频率高于某个特定值（即截止频率）时，才会有光电子发射。莱纳德的实验结果无法用当时的经典电磁理论解释，但为爱因斯坦后来提出的光量子理论提供了关键的实验依据。

2. 经典理论的困境

当时的经典物理学认为，光是一种电磁波，其能量与振幅的平方成正比。根据这个观点，科学家试图用麦克斯韦方程组和能量守恒定律来解释光电效应。他们认为，当光照射到金属表面时，金属中的自由电子会吸收光波的能量。当电子累积足够的能量后，就会逃逸出金属表面，形成光电流。

然而，这一理论也无法解释实验中观察到的现象，例如，为什么增加光的强度并不会增加光电子的动能？为什么低频率的强光不能产生光电效应？为什么电子在光照射后会立即被发射出来，没有能量累积的过程？

3. 爱因斯坦的光量子假说

1905 年，爱因斯坦基于普朗克的黑体辐射理论，提出了光量子假说。他大胆地假设：光不是连续的波动，而是由一个个能量固定的粒子组成的。这些粒子被称为光量子或光子。每个光子的能量 E 与光的频率 v 成正比，公式为

$$E=hv$$

其中，h 是普朗克常数。

爱因斯坦用这个假说解释了光电效应：当一个光子与金属表面的自由电子相互作用时，光子会将全部能量传递给电子。如果光子的能量大于金属对电子的束缚能（称为逸出功），电子就会被释放出来，剩余的能量转化为电子的动能。如果光子的能量小于逸出功，电子无法逃离金属表面，吸收的能量会以热的形式散失。这一理论成功解释了所有实验现象，揭示了光电效应的本质。

爱因斯坦的光量子假说是量子物理学的奠基之作，它揭示了光的波粒二象性，也为后来的康普顿效应、玻尔原子模型、德布罗意波等的重大发现提供了理论基础。光电效应不仅是一种基本的物理现象，也有着重要的技术应用，比如光电管、太阳能电池、激光器等。

影响太阳能电池发电效率的因素有哪些？

选择太阳能系统作为卫星的能源系统时，我们需要考虑影响太阳能发电效率的因素，比如光谱辐照度以及制造太阳能电池板的材料。

光谱辐照度

光谱辐照度是关于光的波长（或能量）的函数（见图 4-10），用 F 表示，是表征光源最常用的数值。它给定了特定波长下的功率密度，单位为 $W/(cm^2 \cdot nm)$。其中，W/cm^2 项表示波长处的功率密度，cm^2 是接收光的表面积，nm 是波长的单位。

太阳光主要由紫外线、可见光和红外线组成。虽然太阳会发射几乎整个电磁波谱的辐射，包括 X 射线和射电波，但在紫外线以下（如 X 射线、伽马射线）和红外线以上（如微波、射电波）波长的辐射，其光谱辐照度非常低，对太阳能电池的影响可以忽略不计。

▼ 图 4-10　空间中的太阳光光谱与波长的函数关系

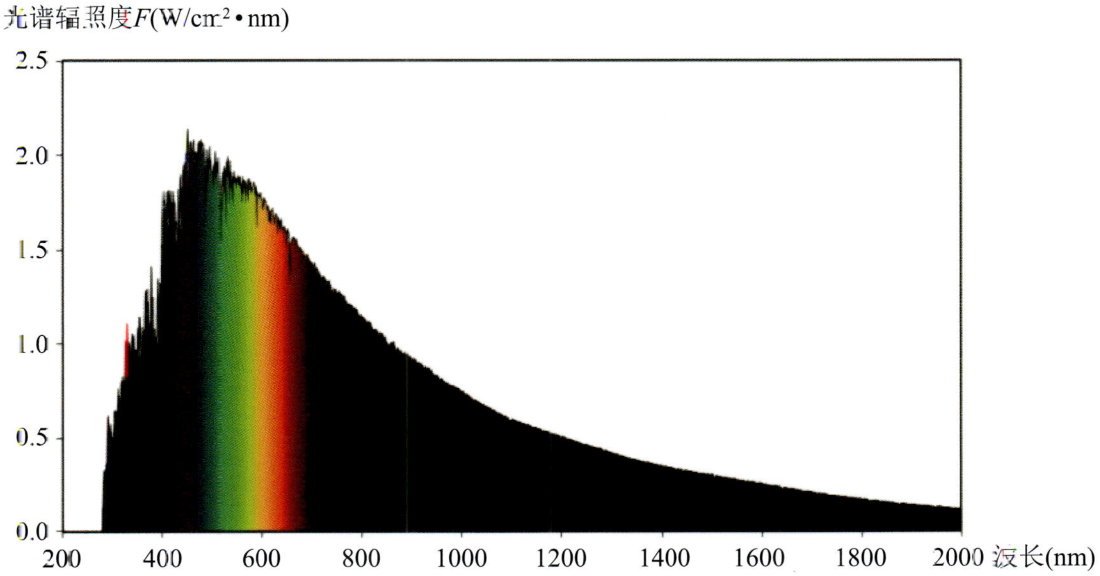

材质

制造太阳能电池板的材料会影响其对太阳光的吸收能力、电子在材料内部的迁移率、能量转换效率以及制造难度。因此，所选材料必须与太阳光的光谱分布相匹配。通过最大化光的透射、最小化反射和减少材料内部的缺陷，可以提高光的吸收效率。

单晶硅太阳能电池由于纯度高，效率更高，使用寿命更长。这些电池通常呈黑色，但制造过程耗能较高，会产生更多废物，成本也更高。多晶硅太阳能电池通常呈蓝色，制造能耗较低，废物产出较少，因此更常见，成本也较低。

在太阳能电池行业中，地面应用大多使用单结电池（由一对 P 型和 N 型半导体组成），其效率通常低于 20%。但由于地面应用可以部署大面积的太阳能电池板，因此效率相对较低并不成为严重问题。

然而，航天器的表面积有限，所以高效发电是关键。因此，设计者更偏爱效率更高的多结太阳能电池。多结电池由多层吸光材料组成，每一层都能有效地将太阳光谱中特定波长的光转换为电能，从而利用更宽范围的太阳辐射光谱。

理论上，通过堆叠无限层，每一层针对太阳光谱中的不同波长进行吸收和转换，可以最大限度地利用太阳光的能量。在这种理想情况下，多结电池的效率可以达到约 86.8%。这个理论效率是基于对太阳光谱全波段的完美吸收和转换所计算出来的热力学极限，被称为详细平衡（Shockley-Queisser）极限的扩展。这一理论表明，如果每一层都能精准地吸收其对应的波长光子，并将其能量高效转换为电能，那么多结电池的效率将接近于这一极限值。

由于材料特性、制造工艺的复杂性以及成本等方面的限制，目前的多结电池效率约为 30% 至 40%（见图 4-11），但仍然远高于单结电池的效率。

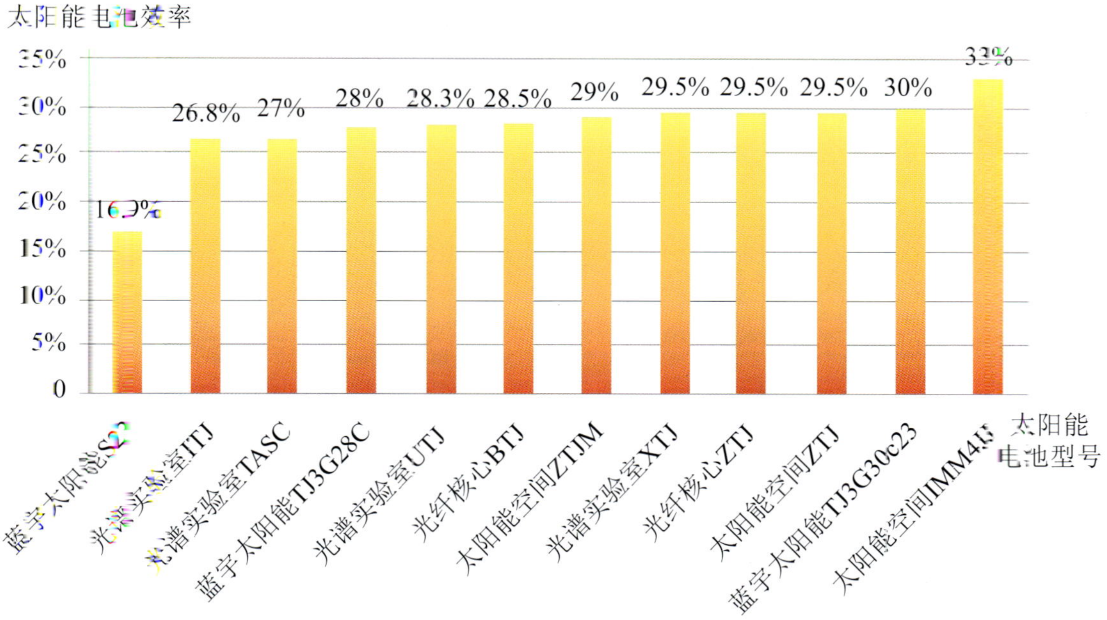

▲ 图 4-11 不同公司生产的太阳能电池效率比较图

入射角度

太阳能电池板在阳光下的发电效率会受到其投影面积的影响，而这个投影面积会随着太阳入射角（即太阳光线与电池板表面法线之间的夹角）的余弦值而变化。如图 4-12 所示，倾斜的太阳能电池板的投影面积 a 小于直接面向太阳的电池板的投影面积 A。因此，太阳能收集装置的效率取决于太阳能电池板相对于太阳的方向 θ。

太阳能通量的强度可以用以下公式表示：

$$I_s=I_0\cos\theta$$

其中，I_s 是太阳能电池板接收到的太阳通量强度，I_0 是太阳直接照射的总强度，θ 是入射角。地球外层空间的太阳总辐照度 $I_0\approx1360.8\pm0.5\ \mathrm{W/m^2}$。

为了提高太阳能电池板的效率，可以部署更大的太阳能电池阵列，并使电池板尽可能直接地面对太阳。例如，在国际空间站上，巨大的太阳能电池阵列通过延伸的桁架结构展开，并通过不断旋转面板来跟踪太阳的位置。

对于具有姿态控制的航天器，可以假设太阳能电池板始终直接指向太

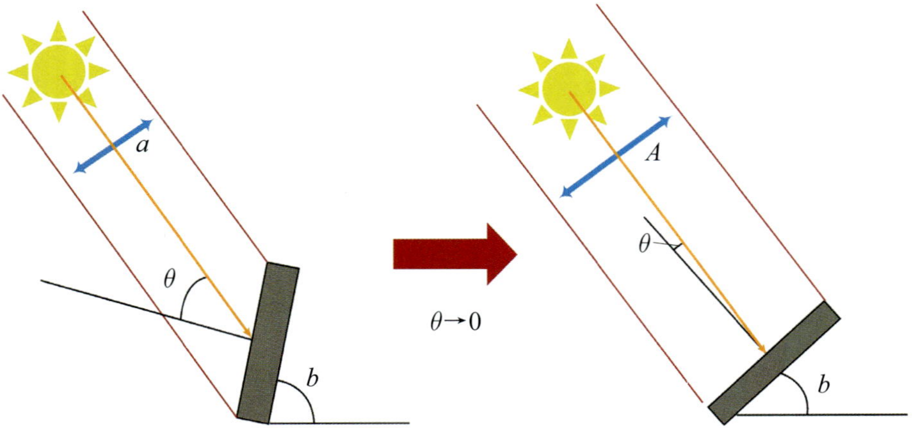

▲ 图 4-12　太阳能收集装置

阳，从而保持最高效率。而对于固定在立方体表面的太阳能电池板，可以通过调整整个航天器的朝向，使其最大限度地接受阳光。指向太阳的最佳入射角取决于能够面对太阳的电池板数量：如果有两个相邻的太阳能电池板可以同时面向太阳，则每个电池板的最佳入射角为 45°。如果有三个太阳能电池板在同一顶点相交并能指向太阳，则每个电池板的最佳入射角为 54.7°。

如何确定太阳能电池阵列表面积的大小呢？需要知道如下信息：

所需的发电功率 P_{req}；

太阳能电池板的效率 η；

太阳辐照度 I_0；

入射角 θ。

根据发电需求，太阳能电池板阵列的面积可以用以下公式计算：

$$A=\frac{P_{req}}{\eta I_0\cos\theta}$$

这个公式表示，为了满足所需的发电功率，太阳能电池阵列的面积 A 等于所需功率 P_{req} 除以太阳能电池板在特定入射角下所能提供的功率。

温度

太阳能电池组件的电气特性主要体现在其电流 – 电压特性曲线（I-V 曲线），如图 4-13 所示。I-V 曲线显示了在特定太阳辐照度下，太阳能电池组件的输出电流与电压之间的关系。

当太阳能电池组件处于短路状态（即 $V=0$）时，输出的电流称为短路电流 I_{sc}。

当电路开路（即 $I=0$）时，输出的电压称为开路电压 V_{oc}。

太阳能电池组件的输出功率等于电流和电压的乘积，即 $P=IV$。

随着组件电压从 0（短路条件）开始增加，例如通过增加负载电阻，组件的输出功率也从 0 开始增加。当电压达到某个特定值时，输出功率达到最大值。

如果继续增加电阻，电压会进一步升高，但输出功率会在超过最大功率点后逐渐减少，直到在开路电压 V_{oc} 时功率降为 0。输出功率达到最大值的点称为最大功率点，对应的电压称为最大功率点电压 V_m（也称为最大工作电压），对应的电流称为最大功率点电流 I_m（也称为最大工作电流），此时的功率称为最大功率 P_m。

随着太阳能电池温度的升高，开路电压 V_{oc} 会减小，而短路电流 I_{sc} 变化较小。对于硅基太阳能电池，开路电压通常每升高 1 ℃，会减少约 2 mV（毫伏），这相当于在最大功率点的典型温度系数为 −0.4%/℃。也就是说，温度每升高 1 ℃，太阳能电池的最大功率会减少约 0.4%。

因此，在高温环境下，太阳能电池的效率会有所降低。在实际应用中，需要考虑散热设计或选择合适的材料来减小温度对性能的影响。

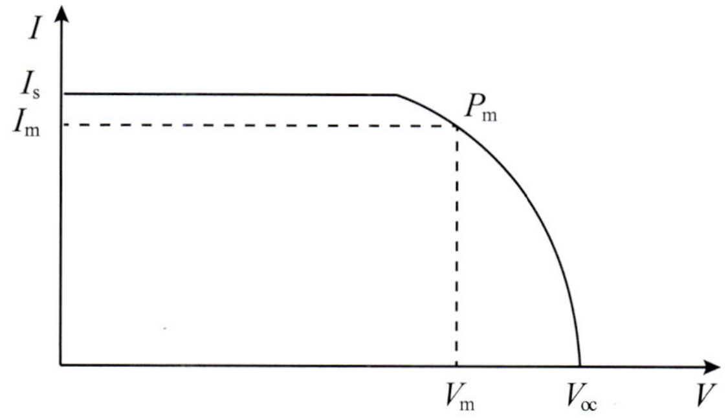

▲ 图 4-13　太阳能电池发电电压 - 电流特性曲线

拓展阅读

太阳光谱

太阳光谱可以分为可见光谱、紫外光谱和红外光谱（见图 4-14）。

可见光谱是人眼能够感知的太阳光的一部分，它包含了从紫色到红色的 6 种颜色，每种颜色对应一个波长范围。可见光的波长为 400~760 纳米，可见光谱是太阳光谱中能量最高的部分，它对生物和植物的生长有重要的影响。

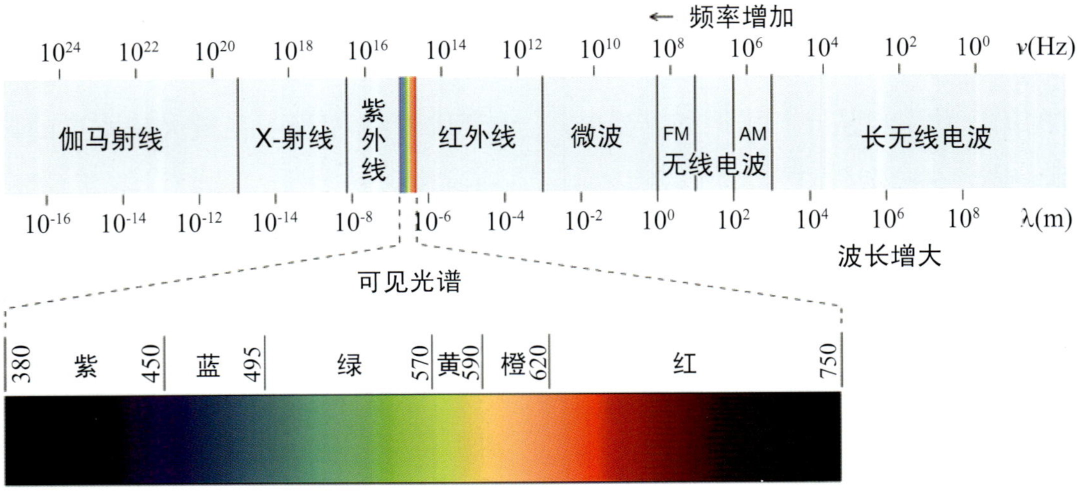

▲ 图 4-14　太阳光谱

紫外光谱是指波长比可见光更短的太阳光，它可以分为 3 个子区：UVA、UVB 和 UVC。UVA 的波长范围是 320~400 纳米，它可以穿透大气层和云层，到达地球表面。UVA 对皮肤有一定的损伤作用，但也可以促进维生素 D 的合成。UVB 的波长范围是 280~320 纳米，它被大气层中的臭氧层吸收了大部分，只有少量会到达地球表面。但 UVB 对皮肤有较强的损伤作用，可以导致晒伤和皮肤癌，但也可以促进维生素 D 的合成。UVC 的波长范围是 100~280 纳米，它被大气层完全吸收，不会到达地球表面。UVC 对生物有极强的杀伤作用，可以杀死细菌和病毒。

红外光谱是指波长比可见光更长的太阳光，它也可以分为 3 个子区：近红外、中红外和远红外。近红外的波长范围是 760~2500 纳米，它可以穿透大气层和云层，到达地球表面。近红外对人体有一定的温暖作用，但也会造成水分蒸发和皮肤干燥。中红外的波长范围是 2500~50000 纳米，它被大气层中的水汽和二氧化碳吸收了大部分，只有少量会到达地球表面。中红外对人体有较强的温暖作用，但也会造成水分蒸发和皮肤干燥。远红外的波长范围是 50000~1000000 纳米，它被大气层完全吸收，不会到达地球表面。远红外对人体没有直接伤害。

拓展阅读

航天器上的第一块太阳能电池板

在人类探索宇宙的历史长河中，1958年是一个具有里程碑意义的年份。这一年，美国成功发射了“先锋1号”（Vanguard 1）卫星，这是世界上第一颗利用太阳能电池板供电的人造卫星。它的诞生，不仅开启了太阳能在航天领域的应用，也为后来的太空探索奠定了重要基础。

在20世纪50年代，航天技术尚处于起步阶段。如何为卫星提供持续稳定的电源对人们来说是个难题。传统的化学电池虽然能够提供电力，但寿命有限，难以满足长期任务的需求。就在此时，科学家们将目光投向了太阳能。

“先锋1号”于1958年3月17日成功发射，成为人类历史上第四颗人造卫星，也是第一颗利用太阳能电池板供电的卫星。它的体积很小，直径仅为16.5厘米，重量约为1.47千克。然而，就是这颗小小的卫星，搭载了6块太阳能电池板，每块电池板上有12个太阳能电池，总共72个电池。这些电池板能够提供约1瓦的电力，支持卫星的通信和科学实验设备的运行。

当时，太阳能电池技术也还处于起步阶段。将太阳能电池板应用于卫星，需要克服多重技术挑战：卫星的发射成本与其重量直接相关，为了减轻重量，工程师们需要设计轻便且高效的太阳能电池板；太空环境充满了辐射和极端的温度变化，太阳能电池板必须能够在这样的环境中长期稳定工作。当时的太阳能电池效率较低，但为了满足卫星的能量需求，必须尽可能提高电池的转换效率。

“先锋1号”成功解决了这些问题。其太阳能电池板采用了单晶硅材料，虽然效率仅有约10%，但在当时已经是技术的极限。更重要的是，这些电池板在太空环境中表现出了出色的稳定性，为卫星提供了持续的电力支持。

在“先锋1号”之后，太阳能电池板迅速成为航天器的标准配置。例如：用于探索金星和火星的“水手”系列探测器均使用太阳能电池板供电。国际空间站配备了巨大的可展开式太阳能电池阵列，总面积达2500平方米，提供了约120千瓦的电力。中国的“玉兔”号月球车和美国的“机遇号”火星车，都利用太阳能电池板作为主要能源。

“先锋1号”上的第一块太阳能电池板，开启了太阳能在航天领域的辉煌篇章。它的成功不仅满足了当时卫星的能源需求，更为人类探索宇宙提供了持续动力。随着科技的不断进步，太阳能将在更多的太空任务中发挥关键作用，助力人类迈向更深远的星辰大海。

姓名：________________ 日期：________________

学 习 测 试

请你根据自己的理解，完成以下问题。

（1）立方星太阳能能源系统的组成部分有哪些？

（2）什么是太阳能光伏发电？

（3）影响太阳能电池发电效率的因素有哪些？

（4）什么是太阳光谱？

（5）什么是光电效应？

姓名：________ 日期：________ 班级：________

记 录 纸

姓名:______________ 日期:______________ 班级:______________

记 录 纸

5 研究问题 IV：太阳能光伏发电实验探究

设计对照实验的基本原则

对照实验是一种科学研究方法，它通过对比不同条件下的实验结果，来探究某个因素或变量对实验对象的影响。设计对照实验的基本原则包括随机化、对照和重复。

随机化

随机化是指按照一定的规则或方法，将实验对象随机分配到不同的实验组和对照组，以减少实验对象之间的差异和偏倚，提高实验的可信度和有效性。随机化的方法包括抽签、掷硬币、计算机生成随机数等。

对照

对照是在实验中设置一个或多个未接受特定干预或处理的组别，作为参照标准，以排除其他无关因素的干扰，突出实验因素的作用。对照可以分为阳性对照和阴性对照。阳性对照是使用已知有效的干预或处理作为对照，检验新干预或处理的相对效果。阴性对照是使用无效的干预或处理（如安慰剂、空白溶液等）作为对照，检验性干预或处理的绝对效果。

重复

重复是指在相同或类似的条件下，多次进行同样的实验，以增加实验结果的稳定性和可靠性，消除偶然误差和随机波动，提高实验的精确度和普遍性。重复可分为内部重复和外部重复。内部重复是在同一实验中，多次重复相同的操作和测量，以减少误差，提高精度。外部重复是在不同的时间、地点、人员等条件下，重复同样的实验，以验证结果的一致性和普适性。

设计并实施对照实验

首先你需要根据《立方星套件组装说明》（见附录），组建1个1U立方星（见图5-1）。然后你可以按照如下步骤进行探究：

1. 调整太阳能板角度

太阳能板安装在可旋转的太阳能支架上，可以改变太阳能板与光照之间的角度。通过调整角度，可以探究太阳能板倾斜角度与光照强度之间的关系，以及对太阳能板输出电压的影响。

2. 实时电压显示

顶部安装了电压显示表，可以实时显示太阳能板的输出电压值，便于观察和记录实验数据。

3. 使用滤光片

配备了红、绿、蓝三种颜色的滤光片，可以探究不同颜色的光（即不同波长的光）对太阳能板输出电压的影响，了解光谱对光伏发电效率的作用。

通过上述方法，使用立方星套件可以设计并实施对照实验，深入了解太阳能板在不同条件下的发电性能。相信这不仅有助于你掌握对照实验的基本原则，还能加深你对光伏发电原理的理解。

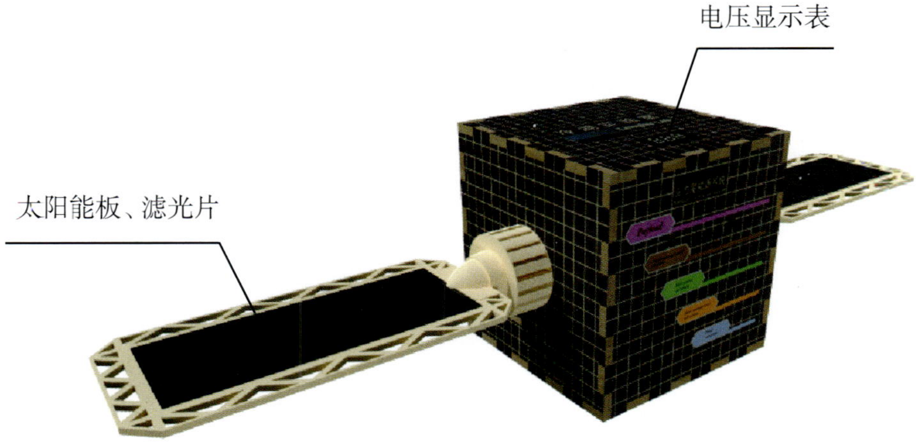

▲ 图 5-1　立方星套件

姓名:______________ 日期:______________ 班级:______________

太阳能光伏发电实验报告

实验目的

实验方法

实验结果

结果分析

姓名:______________　　日期:______________　　班级:______________

记 录 纸

姓名:________________ 日期:________________ 班级:________________

记 录 纸

6 设计与制作：立方星能源系统优化方案设计

立方星太阳能系统优化方案

定义问题

你现在要解决的问题是什么？

研究问题

你可以从哪些渠道收集相关信息？面临的问题有哪些技术限制？

设计解决方案

解决这个问题有哪些不同的方法？

选择最佳方案

每个设计方案的优缺点是什么？哪个方案最实用？哪个方案最简洁？

草图绘制

建造原型

你需要哪些材料？如何制作原型？你制作的原型有何特点？

测试与评估

你的设计是否可行？是否达到预期效果？测试过程中获得了哪些数据？

改进

你的设计是否达到最佳效果？可以如何改进？

姓名:________________ 日期:________________ 班级:________________

记 录 纸

姓名:______________ 日期:______________ 班级:______________

记 录 纸

7 成果展示：研究性学习报告

立方星太阳能能源系统优化方案

姓　　名		学校		指导老师	
探究课题					
背景					

立方星太阳能能源系统优化方案
目的及意义
实验过程

立方星太阳能能源系统优化方案

实验结果分析

立方星太阳能能源系统优化方案

优化方案

立方星太阳能能源系统优化方案

总结

立方星太阳能能源系统优化方案

参考文献

姓名:______________　　日期:______________　　班级:______________

记　录　纸

姓名:______________　　日期:______________　　班级:______________

记　录　纸

附　录

立方星套件组装说明

让我们一起制作一个太阳能卫星电站吧！

制作步骤如下：

（1）认识材料。

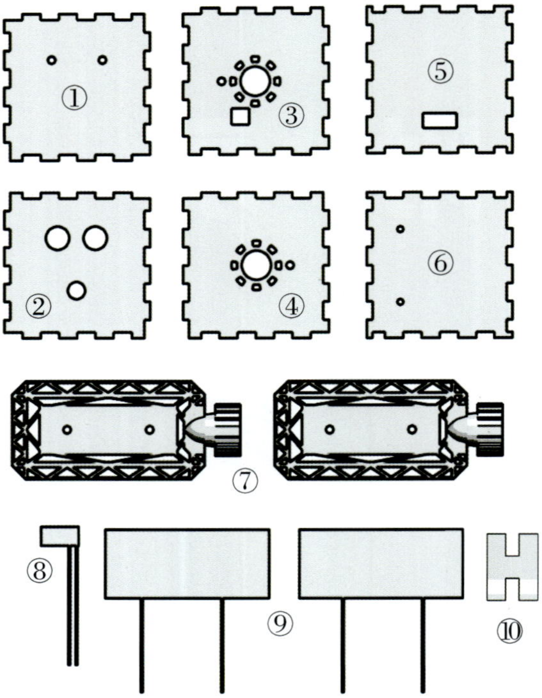

①～⑥ 定制木片

⑦ 翅膀

⑧ 显示屏

⑨ 太阳能板

⑩ 接线端子

（2）将⑨号太阳能板及⑦号翅膀按下图进行组装，将两根导线如图粘在翅膀底部。

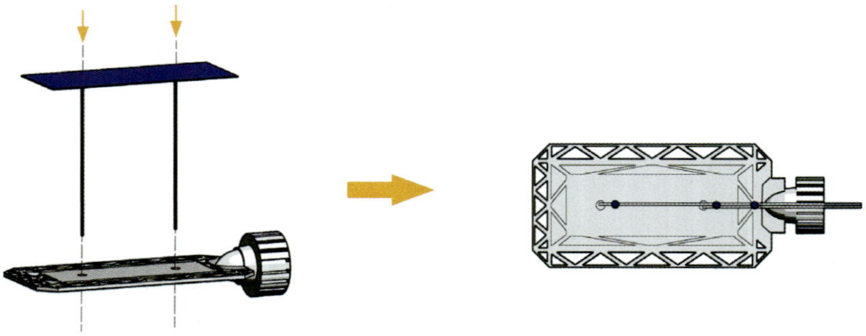

（3）将①～④号定制木片如图组装。

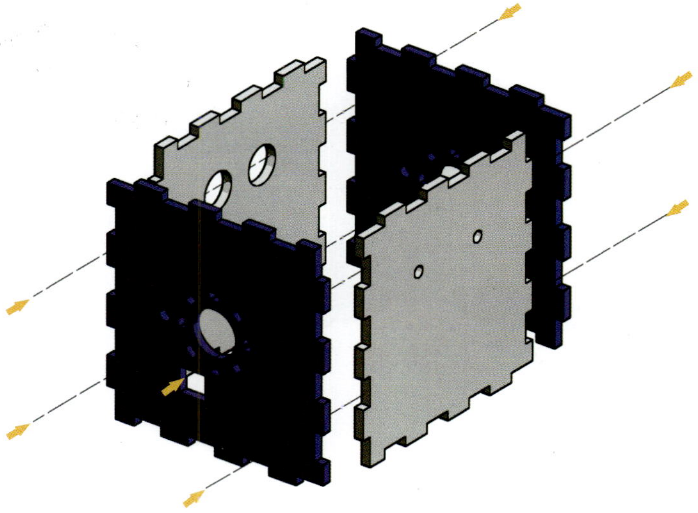

（4）将⑧显示屏和⑨太阳能板的导线与⑩接线端子按下图进行组装。

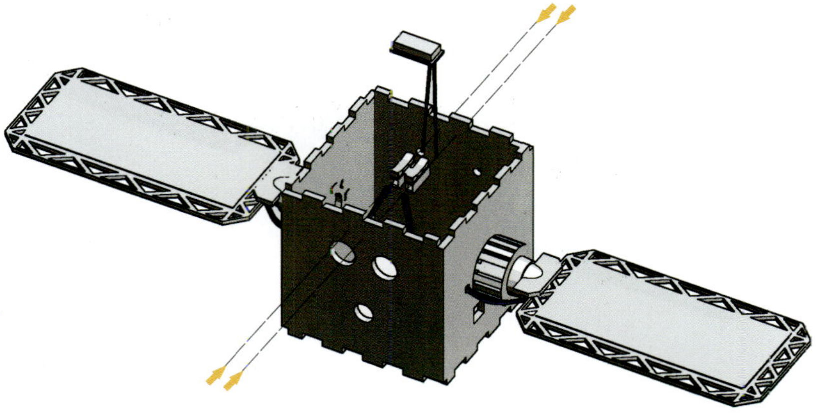

(5)将组装好的翅膀与主体按下图进行组装。

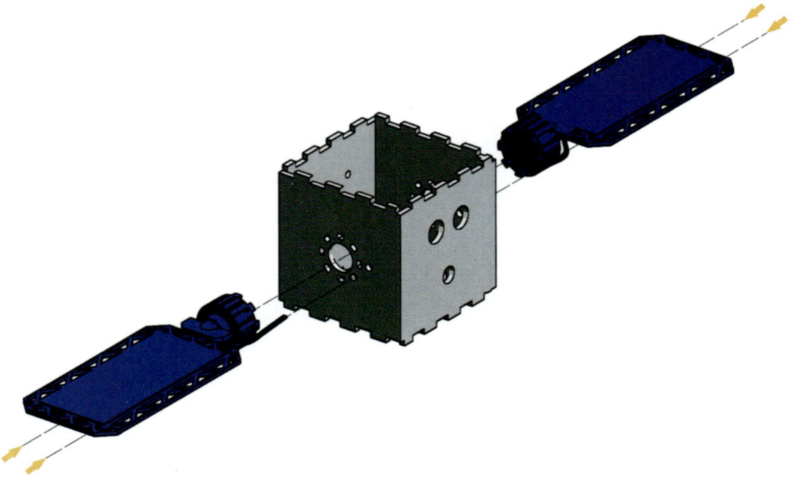

(6)将组装好的结构及⑤⑥号定制木片按下图进行组装。

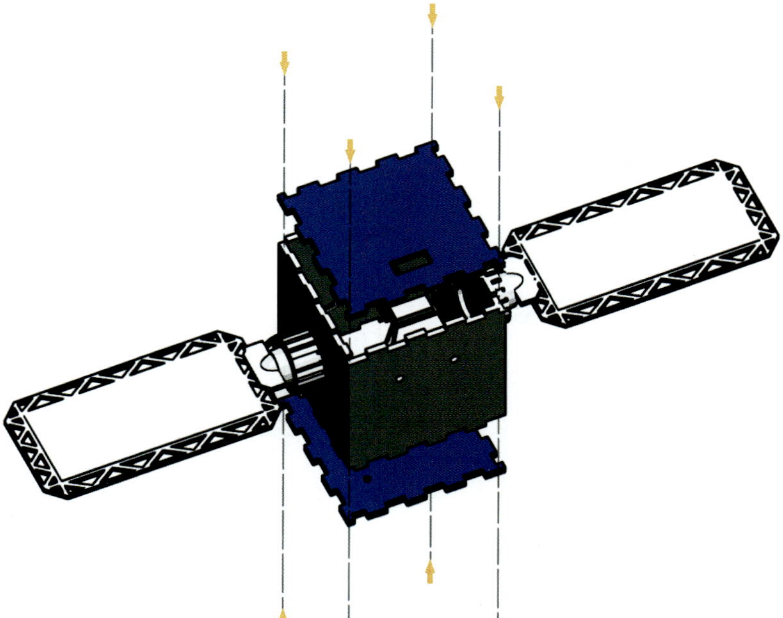

中学研究性学习实践

航天篇

3. 如何设计航天服

主　编　蒲佳意

副主编　高峻岭　刘晓岚

编　委（以姓氏拼音为序）

陈　昊　高　献　韩瑞东　姜　峰
刘朝福　吕　峰　刘建华　刘　清
石昌龙　田才让　王　飞　王　猛
王　兴　武树滨　谢　群　徐增辉
于春辉　杨　帅　于永乐　袁振民
翟　健　曾庆江　朱晓丹　朱云浩

中国科学技术大学出版社

前　言

《中学研究性学习实践·航天篇》是一套引领中学生综合运用科学、技术、工程、艺术与数学等多学科知识，深入探索科学世界、培养创新思维和实践能力的学习指南。通过生动有趣的研究性学习项目，如“如何测量地月距离”“如何建立卫星能源系统”“如何设计航天服”等，引导学生运用跨学科知识解决实际问题，最终完成一份兼具深度和广度的研究性学习报告。

研究性学习对中学生而言具有举足轻重的意义。在当今知识日益融合的时代，单一学科的学习已经无法满足社会对人才的需求。研究性学习鼓励学生打破学科壁垒，将多学科知识相互融合，形成完整的知识体系。学习的本质是对问题持续不断地探求，而研究性学习最重要的价值就是鼓励学生从被动接受知识转变为主动探索、发现与解决问题，从而点燃学生的学习热情，激发他们的好奇心和求知欲。在这一过程中，学生将学会独立思考、批判分析，并在团队协作中提升沟通和创新能力。这些能力不仅对学生的学术成绩至关重要，更是他们未来职业生涯中不可或缺的宝贵财富。

在研究性学习课程研发方面，冷湖实验室拥有丰富的经验。自 2017 年成立以来，冷湖实验室已自主研发了“火箭原理与设计”“火星救援”“青鸟二号卫星设计”“全地貌火星车”等项目式课程，这些课程相继在北京市八一学校、北京市十一学校、太原市进山中学校、石家庄市鹿泉区第一中学、济南市安生学校、济宁市兖州区第一中学等 50 余所学校开设，上课的学生数量超过 10 万人。如北京市八一学校引入了“火箭原理与设计”和“火星二号生态舱设计”项目式课程，

北京市十一学校引入了“火箭原理与设计”和“图图机器人”项目式课程，太原市进山中学校引入了“1 U 立方星”和“全地貌火星车”项目式课程。

本套书结合《中国 STEM 教育 2029 行动计划》编写，紧密贴合当前教育改革，从实际问题入手，逐步引导学生深入探索。在编写过程中，本套书注重理论与实践相结合，既包含丰富的理论知识，又配备了生动的案例，帮助学生获得实践经验。我们希望通过这种方式，让学生在实践中学习、在探索中成长。同时，我们也充分考虑了中学生的年龄特点和认知水平，以通俗易懂的语言、趣味盎然的案例，激发学生的学习兴趣和热情。

本套书得到了中国航天科技国际交流中心刘晓岚处长、中国 STEM 教育 2029 行动计划推进办公室吕峰主任等众多教育专家和一线教师的鼎力支持，他们的智慧为本套书的编写奠定了坚实的基础。中国科学技术大学的倪向贵博士、李旭副教授、严飞特任教授为本套书录制了学习指导视频，并在审阅全稿后提出了宝贵的意见。在此，我们向所有为本套书的出版付出辛勤劳动的老师们表示衷心的感谢。

我们期望本套书能够为广大中学生开展研究性学习提供有益参考，引领他们踏上探索科学奥秘、培养创新精神的旅程。愿每一位读者都能通过本书，发现学习的乐趣，探索科学的奥秘！

编者水平有限，难免有误，请读者批评指正。

编　者

目　录

0 绪论

如何使用这本书

这是一本面向青少年的研究性学习实践指南。本书的最大特点在于，你将通过研究性学习、工程设计流程和科学探究流程的方式，开启一趟有趣的航天服设计之旅，例如了解航天服的基本功能、结构和设计要求，探究航天服如何确保航天员生存，进而掌握航天服设计的方法。

本书主要内容包含如下六个部分：

第一部分，任务发布。你将面对航天服设计这个问题。

第二部分，查阅资料与调研。在这一部分中，你将根据发出的任务，有针对性地去调查相关知识，研究如何设计航天服。

第三部分，提出不同的设计方案。在这个阶段中，你将着手设计航天服，并可能会得出多种设计方案。请你将每个方案都记录下来。

第四部分，选择最佳方案。根据上一阶段的设计方案，通过多种评价方式，确定目前最佳方案。

第五部分，测试与改进。在本阶段，你需要对最佳方案进行测试与评估，尽可能地找到方案的漏洞，并改进它。

第六部分，成果展示。你的最终成果将通过学术海报等方式呈现出来，并勇敢地展示给其他人看。

希望通过这本书，让我们了解工程设计和科学探究的本质，一起去设计，一起去发现，一起去探究。

什么是研究性学习

研究性学习也叫项目式学习（Project-based Leaning，PBL），是一种可以帮助你更好地掌握知识的学习方法（见图 0-1）。研究性学习和传统的课堂教学不同，它更注重让你亲自实践，通过完成项目来学习知识和技能。在这个过程中，你可以更深入地探究实际问题，发挥个人和团队的能力，从而更好地获取知识和运用技能（见图 0-2）。

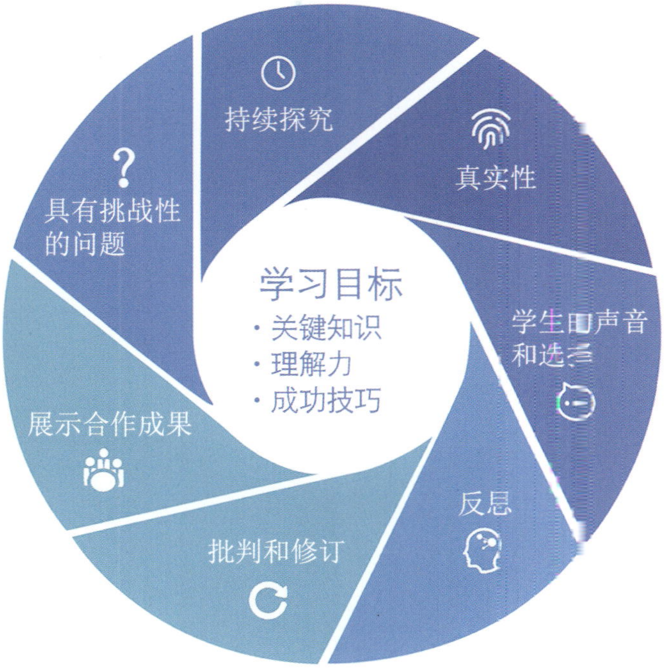

▲ 图 0-1　研究性学习方法

首先，研究性学习可以培养你的创造力，提高你解决问题的能力。在这种学习模式中，你需要自主选择和解决问题，不断进行探究和思考。同时，你还需要创新性地寻找最佳解决方案。

其次，你会发现研究性学习让你对学习充满兴趣。相比传统的课堂教学，研究性学习更贴近生活和实际问题，能够激发你的好奇心和求知欲。因为亲身参与和贡献，你会获得成就感和满足感。

最后，研究性学习可以提高你的团队合作能力。在项目式学习中，你需要与同伴合作完成任务，通过团队协作来实现共同目标。在这个过程中，你会学会如何相互配合、协调和沟通。同时，你也会意识到自己的学习和行动对社会有着一定的影响和责任，增强社会责任感。

举例来说，老师设计了一个“城市环境改善”项目，让你和同学一起解决改善城市环境的问题。你们可以组成团队，选择一个具体的环境问题，如垃圾分类、空气污染防治等，然后设计解决方案并实施，最后进行评估和总结。在这个项目中，你需要进行调研、分析和创新，通过团队协作来实现改善环境的目标，同时对环境保护和社会责任有更深的认识。

在这个信息爆炸的时代，你需要更多的自主能力和探究能力，而研究性学习正是为提高这两项能力而设计的。这种学习方法不仅有利于提高你的学习效果，也能够帮助你更好地适应未来社会的需求。

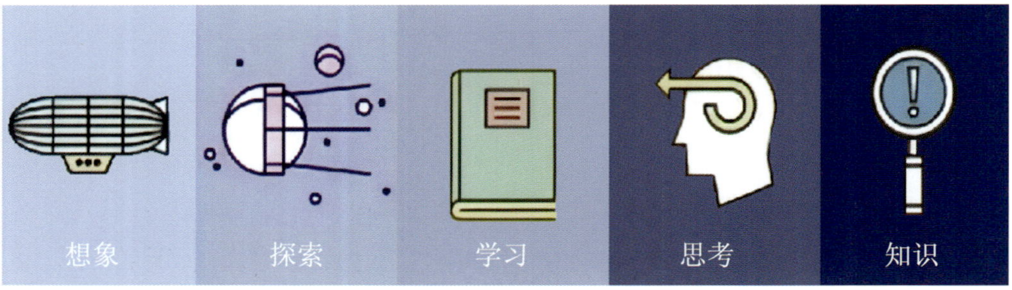

▲ 图 0-2　研究性学习要素

什么是工程设计流程

当工程师需要设计一个新产品或解决一个问题时，他们将使用工程设计流程（Engineering Design Process）来实现目的。工程设计流程是一种系统性的方法，用于设计、开发和实施各种产品或解决方案（见图 0-3）。这个过程包括以下步骤：

1. 定义问题

工程师会对他们想要创建的东西提出关键性问题，无论是摩天大楼、游乐园设施、自行车还是智能手机。这些问题包括：想要设计什么？面向的用户是谁？想要实现什么目标？项目的要求是什么？有哪些限制条件？

2. 研究问题

在这一步骤中，工程师需要调查并了解与要解决的问题相关的信息和数据，

例如市场研究、竞争分析和技术调查。

3. 设计解决方案

通常，工程师将与团队一起集思广益，开发尽可能多的解决方案。

4. 选择最佳方案

对于许多工程师来说，这是最困难的一步！重新审视早期步骤中的需求、限制目标，选择一个最佳解决方案并制订计划继续推进。

5. 建造原型

构建一个可用于测试和验证方案的原型。

6. 测试与评估

对原型进行测试和评估，确定其是否符合要求，是否有效，是否解决了问题。传达结果并获得反馈。分析并讨论哪些方面有效，哪些方面无效，以及哪些方面可以改进。如果不能满足需求，将重新设计或改进方案。

7. 改进

讨论如何改进解决方案并进行修订，确定新的设计方案。

迭代方案，使设计出来的产品变得更好。

8. 成果展示

把我们设计好的成果展示给其他人吧！

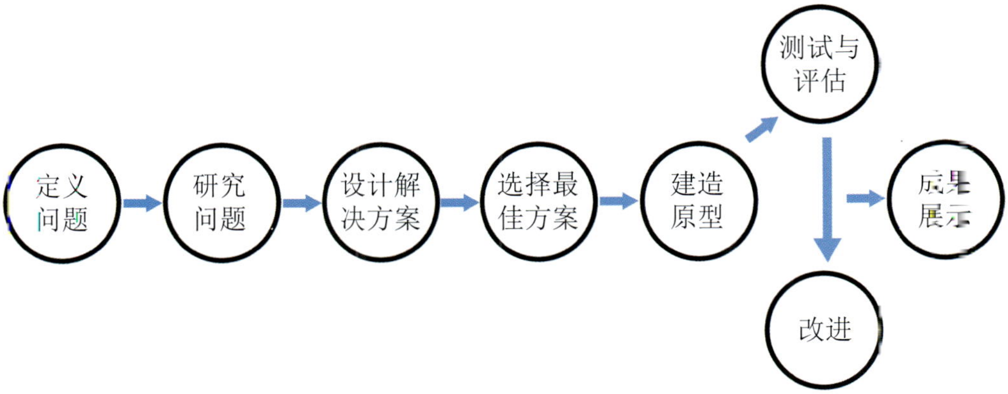

▲ 图 0-3　工程设计流程图

假设我们要设计一辆自行车。首先，我们要了解用户需求和限制条件，例如自行车应该是什么样子的，能够适应什么样的道路，什么样的人可以使用它，等等。接下来，你需要调查市场上已经存在的自行车类型，看看它们的优点和缺点，并研究哪些技术可以用于我们设计的自行车。然后提出创意，设计出各种不同类型的自行车，如山地车、公路车等。你还需要评估每个设计的优缺点，最终选择最能满足用户需求的自行车类型。最后，你可以建造原型并进行测试和评估，以找出设计的问题和优缺点，并进行改进和再设计，直到自行车符合我们的目标需求。

什么是科学探究流程

科学探究流程是一种基于证据和实验的探究方法，旨在解决和回答科学问题（见图 0-4）。这种方法可以应用于各种不同的领域，包括自然科学、社会科学、工程和技术等。

下面详细介绍每个步骤的内容：

1. 提出问题

这是科学探究流程的第一步。在这一阶段，需要思考你感兴趣的话题，并提出一个值得调研的问题。问题应该是明确而具体的，并且能够通过实验或观察来回答。

2. 查阅资料与调研

在回答问题之前，你需要进行相关的背景调研。这可能包括查找资料、阅读有关文献或与专家进行交流。这将帮助你了解问题的背景和相关信息，以便更好地设计和执行实验。通常，你要与其他团队成员一起集思广益，开发尽可能多的解决方案。

3. 提出假设

根据研究，你可以提出一个可以被测试的假设。这个假设是对问题答案的预测，并且需要明确描述认为会发生的结果以及原因。假设应该基于实证证据，并且应该是可验证的。

4. 进行实验

在这个阶段，你需要设计并进行实验来测试假设。需要仔细规划实验，以确保可以收集可靠的数据，这个过程需要遵循实验的规则和原则（如科学可行性原则、对照与均衡性原则、随机性原则、可重复性原则）。还需要记录实验方法、结果和分析，以便进行后续分析。

5. 分析数据

你需要对实验数据进行分析，以确定它们是否支持假设。需要使用统计学方法（比如图表、数学方法、集中趋势分析、离中趋势分析、相关分析等）来分析数据，并且需要详细记录分析过程，以便结论是可重复的和可验证的。

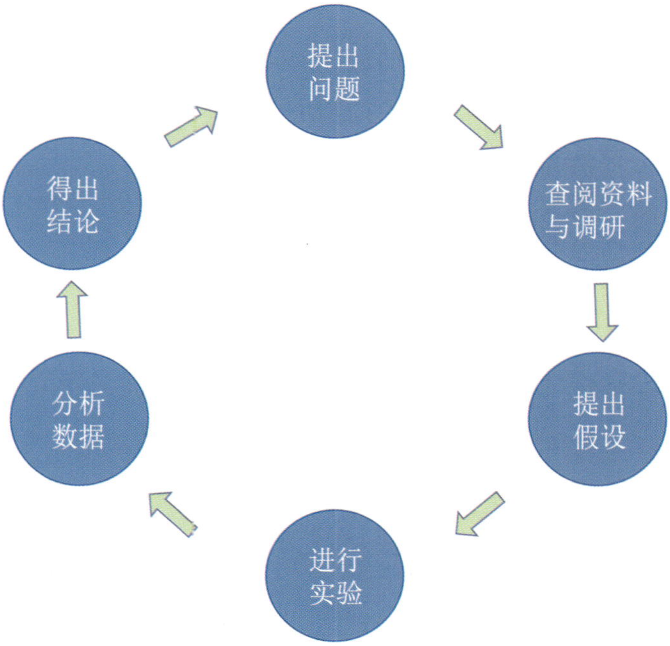

▲ 图 0-4　科学探究流程图

6. 得出结论

你需要使用所得数据和分析结果来得出结论，并确定假设是否被证实。如果需要，可以回到前面的步骤重新进行研究或调整假设。

通过这些步骤，科学家可以发现新知识、解决问题并提出新的理论和概念。科学探究流程是一套系统化的方法，可以帮助你进行有效的科学探究，并在解决问题的同时发现新的奇妙之处。

举个例子，如果你想探究植物生长的要素，则可以按照如下科学探究流程进行：

（1）提出问题。例如，“植物生长需要什么条件？”或“植物在不同条件下生长是否有所不同？”

（2）查阅资料与调研。查阅相关文献、观察实验室中的植物，以了解植物生长的要素。

（3）提出假设。针对问题提出一个假设，例如，“植物在富含营养的土壤中生长得更好”或“充足的阳光能够促进植物生长”。

（4）进行实验。设计实验并收集数据，例如，为植物提供不同种类的土壤、水和光照条件，然后记录植物的生长速度、高度等指标。

（5）分析数据。对实验结果进行统计分析，并确定哪些因素对植物的生长有影响。

（6）得出结论。根据数据分析得出结论，例如“在富含营养的土壤中植物生长得更好”或“充足的阳光能够促进植物生长”。

实验结束后可与同学分享实验结果，让其他人了解你的实验过程和实验成果，并听取他们的反馈和建议。还可将实验中的每个步骤重复多次，以确保结果的准确性和可靠性，并在必要时修改假设和实验设计。

如何查阅资料

当你在进行研究性学习时，查阅资料是必不可少的一个环节。它可以帮助我们了解背景知识，找到相关信息，拓展思路，从而去支持观点。那么，如何查阅资料呢？

首先，要明确自己的课题是什么，研究目的是什么，有什么问题。这样可以帮助我们确定查阅资料的范围和方向。你可以用一句话概括自己的课题，然后把它分解成几个关键词或短语，作为搜索的依据。

其次，要选择合适的资料来源。除了参照本书中已经提供的资料，还可以参考其他资料来源，比如图书馆、网络、报纸杂志、专家访谈等。不同的资料来源有不同的特点和优缺点，我们要根据自己的课题和需要，选择最适合的资料来源。一般来说，图书馆是一个比较权威和全面的资料来源，它提供了各种类型和不同领域的图书、期刊等。网络是一个比较方便和快速的资料来源，它提供了海量的信息，但要注意甄别信息的真实性和可靠性。报刊是一个具有时效性的资料来源，它提供了最新的动态和观点，但要注意区分事实和评论。专家访谈是一个比较深入和专业的资料来源，它提供了第一手的数据和经验，但要注意尊重专家的时间和意愿。

最后，要有效地利用资料。查阅资料不是为了堆砌材料或抄袭别人的观点，而是为了增加我们自己的知识和见解，为自己的课题提供支撑和证据。我们要学会批判性地阅读资料，分析资料的内容、结构、观点、论据等，找出对自己有用的信息，并用自己的话进行归纳、总结、引用、注释等。还要注意记录资料的出处和引用方式，以便于后续的参考和引用。

如何写参考文献

参考文献是一种在学术写作中表明作者观点和注释论据来源的方式。参考文献可以帮助你增强论文的可信度和权威性，也可以避免抄袭的指控。参考文献有不同的规范和格式，例如 APA、MLA、Chicago 等，你需要根据你的学科和老师的要求选择合适的一种。一般来说，参考文献包括两个部分：正文中的引用和文末的参考文献列表。

正文中的引用是指在你引用或者改写别人的观点或者数据时，在括号里注明原作者和出版年份，例如（王一，2020）。正文中的引用可以让读者知道你的信息来源，并且可以在参考文献列表中找到更多细节。

文末的参考文献列表是指在你的论文最后列出所有你引用或者改写过的资料的完整信息，例如作者、书名、出版社、出版地、出版年份等。参考文献列表可以让读者查阅你所使用的原始资料，并且可以验证你的引用是否准确。参考文献列表的排列顺序和格式也要根据你所使用的规范来确定，例如按照作者字母顺序或者出现顺序排序，是否使用缩进格式等。

那么，如何找到可靠且合适的参考文献呢？这里有一些常用的方法：

（1）利用图书馆或者网络数据库搜索相关主题或者关键词，找到与你的论题相关的书籍、期刊文章、报告等。

（2）阅读你所找到的资料，并且注意其中是否有提到其他有价值的资料，例如脚注、引用、参考书目等。

（3）评估你所找到的资料是否符合要求，例如是否有作者、出版日期、出版社等信息，是否有足够的证据和论据支持观点，是否有偏见或者错误等。

（4）记录你所使用资料的完整信息，并且按照规范格式编辑你的引用和参考文献列表。

写参考文献是一项重要而且必要的学术技能，它可以帮助你提高写作水平和学术素养。

准备好了吗？带上你的好奇心和冒险精神，一起踏上这段令人兴奋且充满发现的挑战之旅吧！让我们共同发现和探索航天服设计这个激动人心的领域，创造未来的航天传奇！

1 任务发布

挑　战　书

随着人类对太空的无尽探索逐渐深入，航天员在浩瀚星空中的工作时长日益延长。他们在极端环境下肩负重任，执行科学实验、维护空间站设施、完成航天使命，每一刻都充满挑战。然而，太空生活与工作的条件极端严酷，宇宙辐射的侵袭、真空的孤寂、温度的极端波动，无不考验着航天员的身心极限。加之微重力环境的独特作用，航天员的身体经历着适应性变化，这无疑又对他们的工作效率和生活品质提出了更高要求。

因此，设计一款专为航天员量身打造的航天服，以守护他们在太空中的安全与舒适，成了当下亟待攻克的关键课题。这款航天服，理想中应成为航天员的守护神，不仅能够有效抵御辐射侵袭，抵御温度波动的威胁，还要能为航天员提供持续、稳定的氧气供应、清洁水源及营养均衡的食物，确保生理需求得到全面满足。

同时，你还需要充分考虑航天服的灵活性与操作性，确保航天员在穿戴航天服进行作业时，能够自由伸展、灵活操作，不影响任务的顺利执行。此外，与空间站设备的兼容性也是设计的重要考量之一，力求实现航天服与空间站的无缝对接，为航天员提供更加便捷、高效的工作与生活环境。

请你完成一件航天服的设计方案，本设计方案将聚焦于航天服的温控性能，力求在极端温度条件下，为航天员打造一座移动的“恒温堡垒”。

任务单

你需要分析任务，并明确问题。

（1）用自己的话来描述任务的内容（你需要做什么）。

（2）为了更好地完成任务，你需要具备哪些基础知识？

（3）如何确定你的设计是成功的？

2 研究问题Ⅰ：航天服设计的背景知识

太空在哪里？

航天服（spacesuit）是航天员在太空中工作和生活的重要保障。那哪里是太空呢?

地球周围有一层由气体组成的大气层。大气层如同地球的坚强盾牌，帮助地球抵御陨石等外来侵扰，也调控着地球的温度和湿度，赋予万物以生命的温床。大气层由不同密度和温度的几个层次组成，从低到高分别是对流层、平流层、中间层、热层和外层。其中，对流层位于我们生活所在的最低的一层，平流层位于飞机飞行所在的一层，热层位于国际空间站卫星轨道所在的一层。

那么，哪里算是太空呢? 这里有一个常用的标准，叫作卡门线（Kármán line）。卡门线位于海拔大约 100 千米的高度，这个高度被国际航空联合会（FAI）认定为航天飞行员获得航天员称号的条件（见图 2-1）。人类在卡门线以外进行的活动，都称为航天活动。

卡门线之所以被选为太空的边界，是因为在这个高度以下，飞行器需要借助大气中产生的足够大的升力才能保持稳定；而在这个高度以上，飞行器需要借助轨道速度才能抵抗地球引力下降。

人类在地球大气层中的活动，所使用的飞机、直升机、飞艇和气球等飞行器统称为“航空器”。航空器依靠吸入大气中的空气作为燃料或者提供升力，在稠密大气层中以较低的速度飞行。航空器主要用于军事、交通运输、探测监测等方面。

而航天是人类冲出地球稠密大气层到航天空间中的活动，即宇宙航行。它所使用的是航天器及其运载火箭。航天器依靠自带的燃料和推进剂，在近于真空的太空中以相对高的速度飞行。航天器主要用于科学探索、通信导航、遥感测绘等。

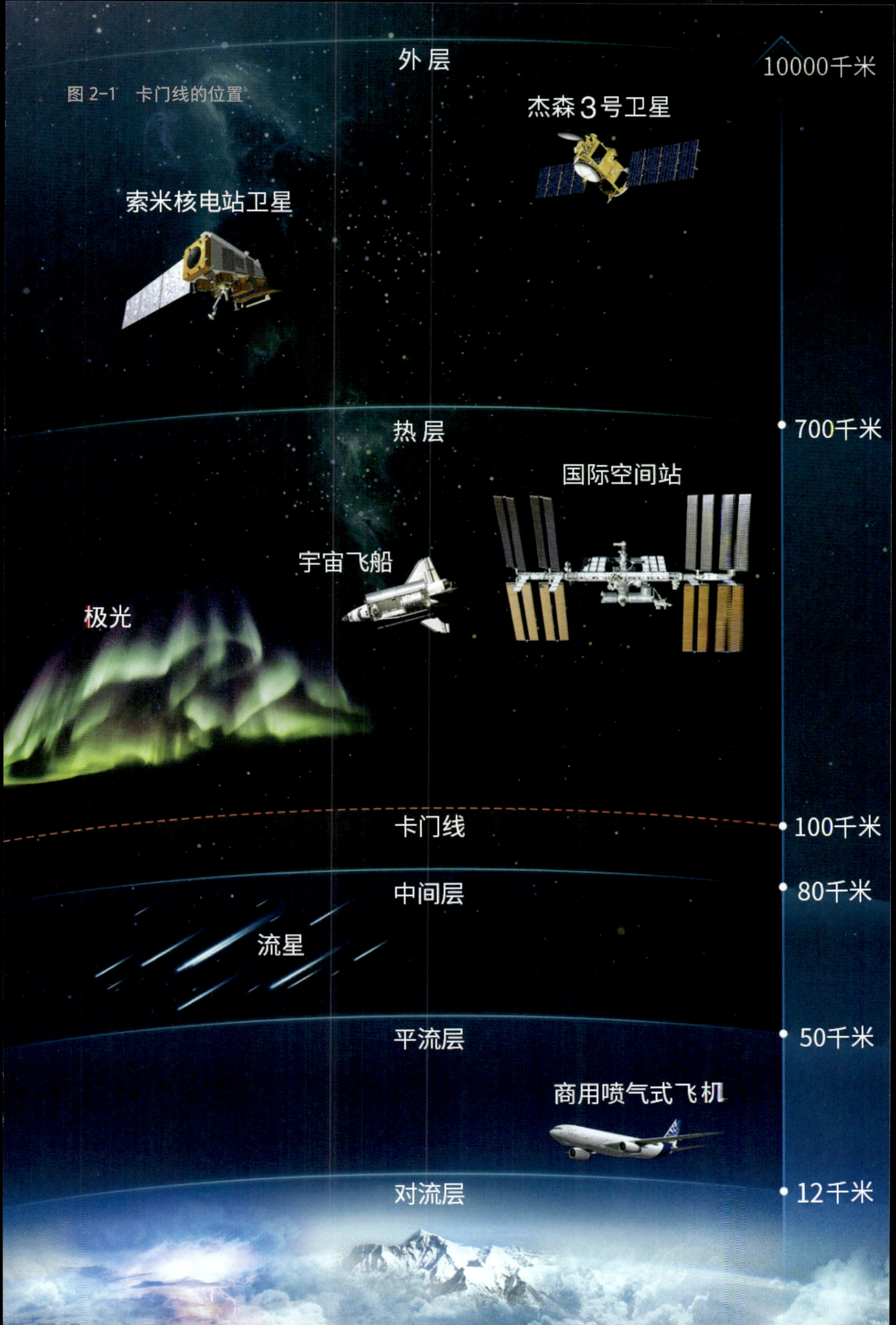
外 层
10000千米
杰森3号卫星
索米核电站卫星
热 层
700千米
国际空间站
宇宙飞船
极光
卡门线
100千米
中间层
80千米
流星
平流层
50千米
商用喷气式飞机
对流层
12千米

图 2-1　卡门线的位置

姓名:____________　日期:____________　班级:____________

记 录 纸

太空环境有何独特之处？

太空环境非常极端，与我们熟悉的地球上的很多地方都不同。太空环境有以下特点。

超低温与炽热并存

由于太空中没有空气，热量不能进行传递和散发。太空的平均温度非常低，大约是零下 270 摄氏度。这比地球上最冷的地方还要冷得多。然而，当直面太阳的炽热光芒时，温度却能飙升，轻松超越 100 摄氏度的界限。若没有特制航天服的保护，航天员将在这极端温差前面临瞬间被冻结或灼伤的危险。

辐射无处不在

在太空中，有很多高能粒子和电磁波在不断地辐射和传播。这些辐射来自不同的天体，比如太阳、恒星、银河系等。其中最强烈的辐射来自太阳，包括太阳电磁辐射、太阳宇宙线辐射等（见图 2-2）。它们交织成一张无形的网，对航天器及航天员构

▼ 图 2-2　宇宙辐射
图片来源：IAEA

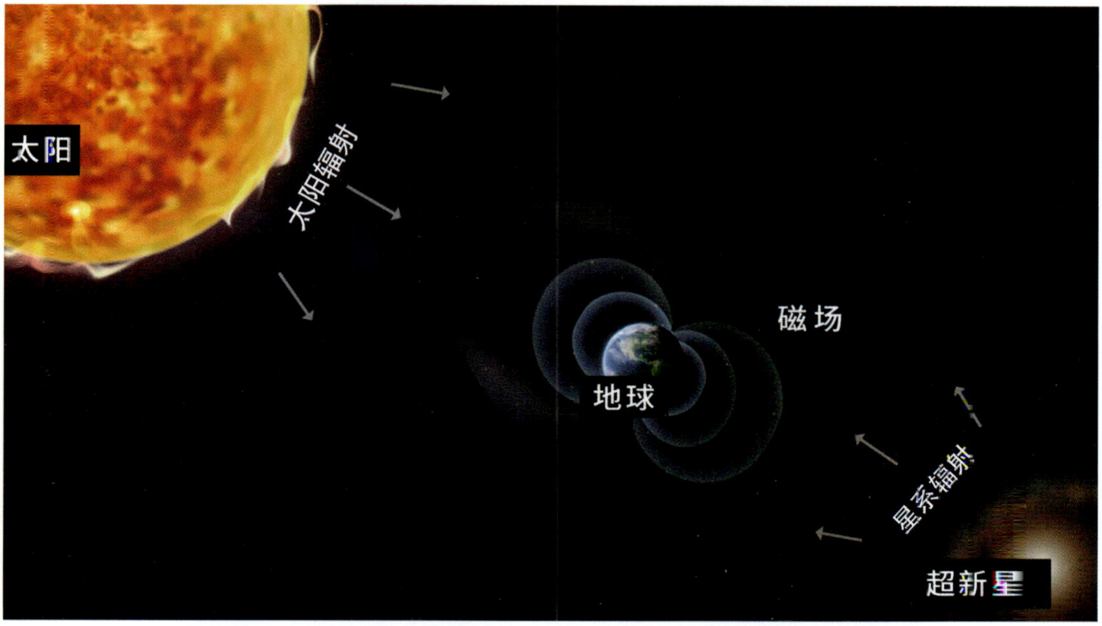

▼图 2-3　太空中的地球
图片来源：NASA

成巨大威胁。这些辐射不仅能够损坏精密设备，还可能引发生物组织的变异，乃至增加罹患癌症的风险，其潜在危害不容小觑。

奇妙的高真空和微重力环境

由于太空没有或者几乎没有气体分子存在，所以它是一个高真空状态。这意味着在太空中声音不可以传播，人到了那里也感受不到气压。同时，在太空中运动的物体都受到微弱或者平衡的重力作用，所以它们都处于失重环境或者微重力环境。这样就造成了很多奇妙而有趣的现象，比如，物体可以自由飘浮、旋转或者变形；液体可以成为球形并且黏附在物体表面上；火焰呈现蓝色并且向四周扩散；等等。

高速微粒与太空垃圾带来威胁

在太空中有高速运动的尘埃、微流星体和流星体，它们具有极大的动能。除了自然环境因素外，在人类探索和利用外层空间的过程中也产生了一些人为环境因素，其中最突出而又令人担忧的就是太空垃圾问题。太空垃圾指的是在外层空间中废弃或者失控的人造地球卫星、火箭碎片、工具、零件等物体，它们在轨道上高速运行，目前，人们已经追踪了 3 万多件（未被追踪的可能有 1.3 亿件）大小不等的太空垃圾，它们如同隐形的杀手，时刻威胁着太空探索与人类活动的安全。一旦这些高速运行的碎片与航天器或载人飞船发生碰撞，后果将不堪设想：设备损坏、失去控制乃至坠毁的悲剧随时可能上演。安全地清理和回收它们是当前航天领域面临的一个重要挑战。

万有引力

拓展阅读

在物理学中，引力是一种基本的相互作用，它是普遍存在的，任何两个有质量的物体之间都有这样的一种力。到目前为止，引力是四种基本相互作用中最弱的，大约比强相互作用弱 10^{38} 倍，比电磁相互作用弱 10^{36} 倍，比弱相互作用弱 10^{29} 倍。因此，它在亚原子粒子的水平上没有显著影响。然而，引力却是宏观尺度上物体之间最重要的相互作用，它决定了行星、恒星、星系甚至光的运动。

在地球这颗蔚蓝色的星球上，引力赋予了我们脚踏实地的感觉，让我们能够站立、行走、奔跑。而地球和月球之间引力的相互作用，使得地球表面的水分子发生变化，从而形成了海洋中的潮汐现象。这些潮起潮落，不仅滋养了无数生命，也成为自然界中一道独特的风景线。

引力的作用远不止于此。在生物学的世界里，它也扮演着重要的角色。植物的向地生长（即向重力方向生长）、多细胞生物体内的流体循环等生命现象，都与引力的影响密不可分。更为有趣的是，对失重环境的研究表明，引力还可能对人体的免疫系统功能和细胞分化过程产生深远的影响。

在宇宙中，原始气态物质之间的引力导致它们聚合形成恒星，最终凝结成星系。因此，引力是宇宙中许多大型结构形成的根本原因。尽管随着物体之间的距离增加，引力会逐渐减小，但它永远不会降为0，因此引力的作用范围是无限的。

1687年，艾萨克·牛顿在他的著作《自然哲学的数学原理》中提出了万有引力定律，发现任何两个物体之间都有相互吸引力。这个力的大小与两个物体质量的乘积成正比，与它们之间距离的平方成反比，其公式为

$$F = G\frac{m_1 m_2}{r^2}$$

其中，F 是引力的大小，G 是引力常数，m_1 和 m_2 是两个物体的质量，r 是它们之间的距离。

航天服的基本功能

航天服是保障航天员的生命活动和工作能力的个人密闭装备，需要满足一些基本的功能（见图 2-4）。

首先，航天服的主要功能是保护航天员免受太空中缺乏大气层、氧气、水等生存必需品的影响。航天服可以为航天员提供这些基本的生存条件，确保他们在太空中能够生存并完成他们的任务。航天服中的氧气系统会密切监测航天员的呼吸和代谢水平，确保他们能够获得足够的氧气。而在太空中，由于太阳的辐射和光照的变化，温度会发生剧烈的波动。因此，航天服必须能够防止高温或低温对航天员造成伤害，并保持适宜的温度，让航天员感到舒适。

其次，航天服还需要为航天员在太空中移动和工作提供支持。航天员在太空中进行各种任务，比如维修、科学实验，甚至太空行走等，这要求航天员能够自由地移动和操作。因此，航天服需要具备足够的柔韧性和支撑力，使航天员能够在太空中自由行动。

最后，航天服需要具备通信、导航和监测等功能。在太空中，航天员需要与地面控制中心保持联系，以确保任务能够顺利进行，航天服中的通信系统可以让航天员与地面控制中心进行交流。而导航和监测系统可以让航天员知道自己的位置、状态和环境变化等信息，以便更好地完成任务。

总之，航天服是太空探索中必不可少的装备，它为航天员提供必要的保护和支持，确保他们能够在太空中生存并执行任务。随着科技的不断进步，航天服也在不断地更新和升级，以适应更加复杂的太空任务和环境。未来的航天服可能会采用更加先进的材料和技术，比如智能材料、生物医学技术、人工智能等，来提高航天活动的安全性和工作效率，助力人类在太空探索中取得更大的成就。

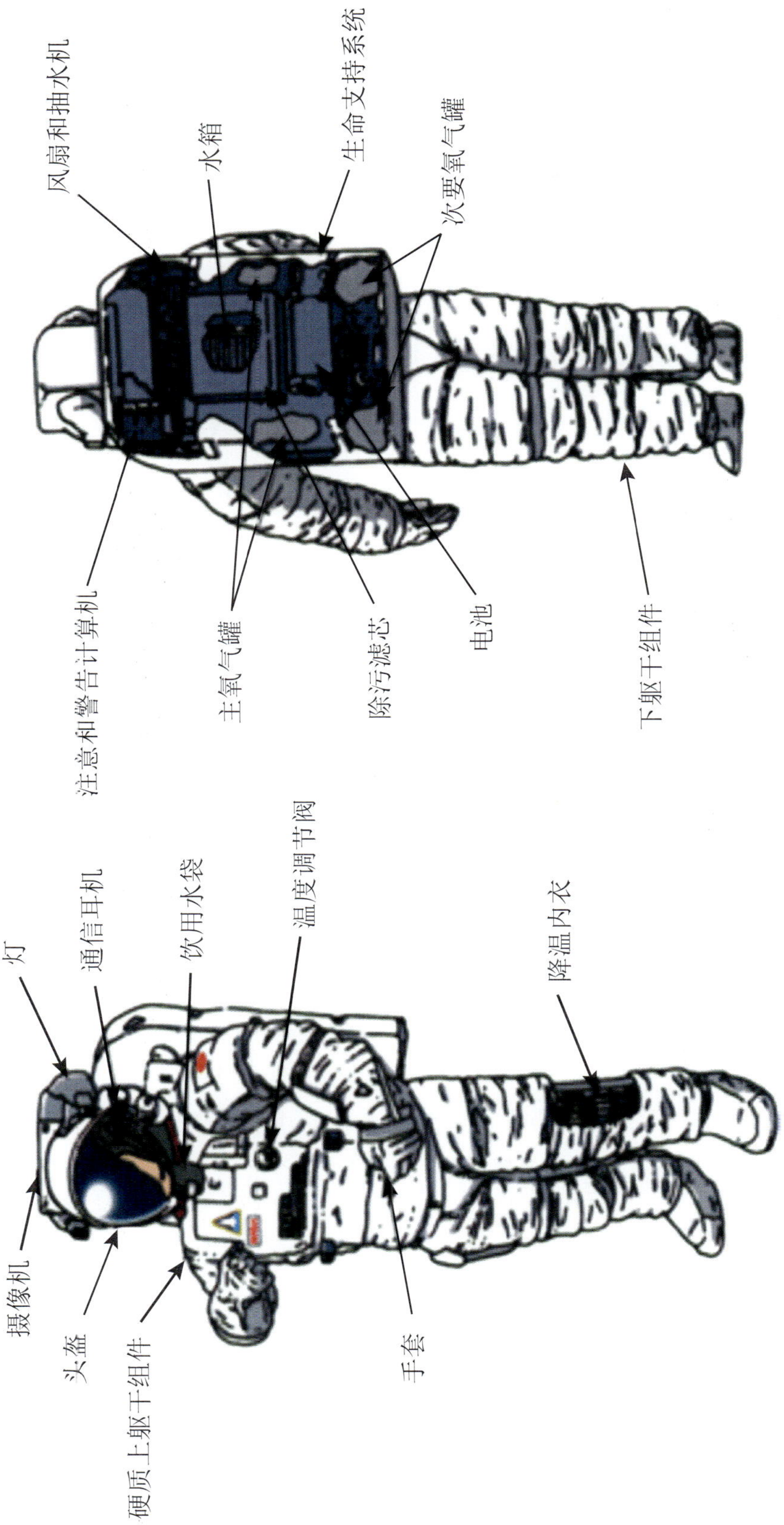
风扇和抽水机
水箱
生命支持系统
次要氧气罐
注意和警告计算机
主氧气罐
除污滤芯
电池
下躯干组件
灯
通信耳机
饮用水袋
温度调节阀
降温内衣
摄像机
头盔
硬质上躯干组件
手套

▲ 图 2.1 航天服的组成

航天服的设计要求

航天服是航天员在太空中进行活动时穿着的特殊服装，能够保护他们免受太空环境的危害，如真空、极端温差、强辐射和微流星体碰撞等。航天服的设计要求极高，需要考虑多种因素，包括功能性、安全性、舒适性和耐用性等。

提供稳定的内部压力

航天服必须提供一个稳定的内部压力，以防止航天员在真空环境中因缺乏外部压力而导致体液沸腾或组织膨胀。这个内部压力通常相当于海拔 3.5 千米处的大气压力，需要通过坚固而柔韧的材料制成，并采用多层结构。这确保了航天员在太空中不受外部真空的影响，同时也能保证他们在舱外活动时获得足够的氧气供应。

航天服内部的压力由一系列智能系统和阀门，以及精心设计的密封结构来维持。为适应不同任务的需求，航天服必须具备高防护性能和生命保障功能。目前，航天服的总体构型采用了不同的压力服系统：舱内活动（IVA）航天服采用软式结构，具有轻便和易于活动的特点；舱外活动（EVA）航天服则采用半硬式结构，以提高在加压条件下的灵活性、穿脱的方便性以及对空间环境的防护能力。

隔绝极端温度变化

航天服必须能够有效地隔绝太空中极端的温度变化。在太空中，阳光直射下的温度可能升至 120 摄氏度，而在阴影中则可能降至零下 150 摄氏度。为了在这种极端的冷热环境中保持航天员的体温稳定，航天服需要采用多层隔热材料的设计。这些材料不仅需要具备优异的隔热性能，同时还需考虑轻量化和柔韧性，以确保航天员在太空中始终处于相对稳定的温度环境。

为了更好地适应太空中的极端温度，科学家们正致力于研究新型的相变材料在航天服中的应用。这些材料能够在吸收和释放热量的过程中发生相变，帮助维持航天员的体温平衡。这样的创新设计不仅提高了航天服的温度调节效能，还为航天员提供了更为舒适的太空体验。

提供生命支持系统

航天服必须配备提供氧气和排出二氧化碳的生命支持系统。这些气体交换可以通过与飞船或便携式生命支持系统连接来实现。便携式生命支持系统是一个类似背包的设备，包含电源、水循环系统、风扇、过滤器等组件。它不仅供应呼吸所需的氧气，还可以调节温度，并监测整个航天服的性能和资源状况。

确保舒适性和灵活性

航天服的设计要注重舒适性，确保航天员在执行任务时能够自由移动，不受服装的限制。除了关节部位的优化设计外，航天服还可能引入可调节的智能气体循环系统，根据航天员的体感需求自动调节服装内部的通风和湿度，提供更加贴合个人需求的舒适体验。

处理生理废物

航天服必须提供一种收集和容纳液体和固体身体废物（如尿液、汗水等）的方法，以避免污染内部环境或影响生理功能。目前，最常用的方法是最大吸收性衣物（MAG），也就是一种特殊设计的尿布。未来，人们可能会开发更加先进的系统，以提高废物管理的效率和舒适度。

提升耐久性和安全性

航天服的耐久性需要进一步提升。材料科学的不断发展使得新一代的航天服材料更具耐久性、抗磨损性和耐辐射性。同时，模拟测试将更加精细化，模拟各种极端太空环境，确保航天服在长时间使用和多次任务中仍能保持高效性能。

总体而言，未来航天服的设计将继续迎接科技创新的挑战，以满足不断发展的太空探索需求。

航天服的结构

航天服分为舱内航天服和舱外航天服。一般来说，航天服由 7 个部分组成：气密压力服、液冷通风服、外套防护服、手套、航天头盔、内衣与保暖服，以及靴子。

气密压力服是航天服的主体结构，一般为连体式，具有很好的气密性，能够在充气加压时保持拟人形态，并保证人体关节活动的一定范围。

液冷通风服是一种网状编织的内衣，上面固定着密布的细管。通风系统会沿着这些管路为航天员提供氧气，并吸收人体代谢排出的二氧化碳、水蒸气、汗液和热量。

外套防护服采用屏蔽复合结构，包括外套和隔热屏蔽层。外套是航天服的最外层，其功能是保护气密压力服不受磨损，防止在高速气流中受到破坏，并能防火和抵御空间环境的危害。隔热屏蔽结构的作用是保护航天员在舱外活动中免受外部环境过热或过冷的侵袭；在强烈的阳光辐射下，防止热量透入服装内部；在背对太阳的阴影中，防止体内热量散失。

手套通过腕部的断接器与航天服相连接。断接器装有密封轴承，使手部可以灵活转动。手指部位采用橘瓣式结构，增强手指活动的灵活性，方便航天员进行精细操作。

航天头盔由盔壳、面窗、颈圈以及各种防护组件组成，分为面窗型和全透明型两种。面窗型头盔的面窗可以任意开启和关闭，在压力舱紧急减压时，可在极短时间内关闭并锁紧，具有安全可靠的特点。全透明型头盔结构简单，直径为 300~320 毫米，头部可以在盔内自由转动。盔壳通过颈圈与航天服连接在一起，以确保密封性。

内衣是航天服的内层，紧贴航天员的身体，**保暖服**位于内衣的外部。内衣采用不刺激皮肤、吸湿性好的材料制成，即使在潮湿情况下也不黏皮肤，不影响汗液的排出和蒸发。其良好的透气性有利于皮肤与周围空气的热交换，提升穿着舒适度。

靴子有 3 种类型：第一种是一体式靴子，与气密压力服构成一体，与航天服一起穿脱；第二种是可拆卸密封靴，通过断接器与气密压力服相连接，可以单独穿脱；第三种是套靴，穿在气密压力服外部，提供额外的保护。靴子的作用是防寒、防湿、防止机械性损伤，并且设计得不压迫皮肤、血管和神经，确保航天员的舒适和安全。

舱内航天服通过飞船座舱的气体供给设备，经输氧软管供氧，实现呼吸和通风。舱外航天服则与一种紧凑的携带式生命保障系统组成一个组合系统，该系统控制航天服内的大气环境，维持航天员的生命支持功能，保证良好的工作效率。

姓名：________________　　日期：________________

学习测试

经过前面的学习，请你回答以下问题。

（1）太空的范围是什么？

（2）太空环境与地球环境有哪些差异？

序号	维度	太空环境	地球环境
1	平均温度		
2	辐射强度		
3	气压		
4	重力		

（3）太空环境与地球环境的差异对航天员有哪些影响？请你举例说明。

姓名:____________ 日期:____________ 班级:____________

记 录 纸

3 研究问题 II：航天服有哪些类型

舱内航天服

舱内航天服是航天员在飞船或空间站内部穿着的特殊服装，主要作用是在发射、返回或轨道运行期间，保护航天员在密闭舱失压等紧急情况下的生命安全。例如，如果飞船出现漏气、起火、失压等问题，或需要紧急逃生，穿着舱内航天服的航天员将有更大的生存机会。

舱内航天服通常较为轻便和简洁，没有外层防护层和复杂的生命支持系统，主要配置氧气面罩和压力衣。各国的舱内航天服各有特点，例如，中国的舱内航天服企鹅系列、美国的“波音蓝”(Boeing Blue)太空飞行服(见图 3-1)、俄罗斯的“海鹰”(Sokol-KV2)航天服(见图 3-2)，以及美国太空探索技术公司(SpaceX)的舱内航天服(见图 3-3)等。下面以 SpaceX 的舱内航天服为例进行介绍。

SpaceX 舱内航天服是由美国著名的电影和游戏服装设计师何塞·费尔南德斯(Jose Fernandez)设计的。他曾经为《蝙蝠侠》《钢铁侠》《黑豹》等超级英雄电影设计过服装造型。所以这

▲ 图 3-1 美国的“波音蓝”太空飞行服
图片来源：Wikimedia Commons

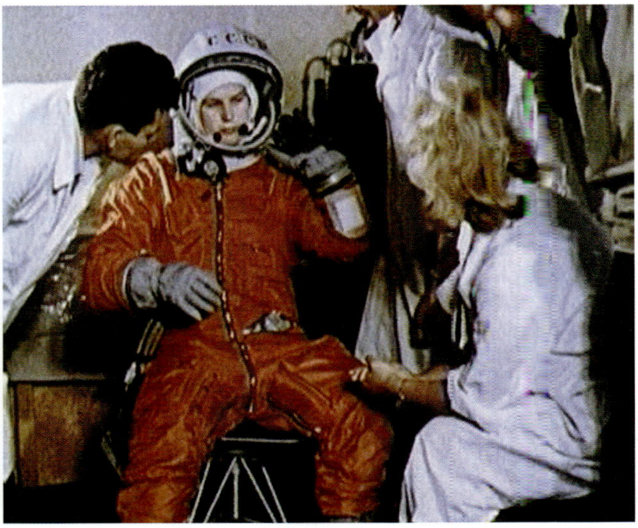

▲ 图 3-2 尤里加加林所穿的“海鹰”航天服
图片来源：Sciencesensei

套 SpaceX 舱内航天服外观时尚，富有科幻色彩，看起来就像《星球大战》电影里面的角色一样。SpaceX 舱内航天服包含如下组成部分。

头盔

头盔采用 3D 打印技术制造，坚固且密封性能良好。内部集成了遮光罩、通风降温系统、通信系统等功能，这些组件都被巧妙地隐藏起来，使头盔外观看起来更为简洁。头盔还可以与“龙”飞船的触摸屏交互，实现数据传输和控制。

▼ 图 3-3　SpaceX 舱内航天服

服装主体

航天服整体以白色为主色调，搭配黑色细节。服装采用了耐火、耐用的材料，具有高弹性和柔韧性，允许航天员在舱内自由活动。由于美国太空探索技术公司并未对外全面公开其航天服的具体材料和技术细节，因此我们无法得知具体使用了哪些材质。

连接面板

航天服的所有外部接口都集中在右腿的一个隐藏式面板内，包括生命支持系统和电气供应等。这种设计简化了操作，并减少了在微重力环境中丢失组件的风险。

手套

手套为黑色，具备防火、防电和防滑的特点。手套兼具触屏功能，航天员戴上手套后，可以操作飞船的触摸屏。

靴子

靴子也为黑色，与手套相呼应。靴子具有防火、防电、防滑等特性，并与下装一体化连接，确保航天员在舱内移动的安全性和舒适性。

舱外航天服

舱外航天服是航天员在太空中进行出舱活动时穿着的特殊服装，也称为太空行走服。这种航天服必须具备完整的生命支持系统和外层防护层，以及供氧、供水、温度调节、通信、导航等功能，并能抵御微陨石、紫外线、X 射线等太空环境的影响。

舱外航天服有不同样式，例如，中国的“飞天”舱外航天服，美国阿波罗（Apollo）任务、挑战者号（Challenger）和发现号（Discovery）任务所使用的舱外航天服，以及俄罗斯的“奥兰”舱外航天服（Orlan，图 3-4）等。

这些舱外航天服经过精心设计和测试，确保航天员在太空行走时的安全和效率。它们不仅提供了生命支持

▲ 图 3-4 俄罗斯的“奥兰”舱外活动航天服

系统，还具备抗辐射和防护太空碎片的功能，使航天员能够在严酷的太空环境中执行任务。

中国“飞天”舱外航天服

“飞天”舱外航天服是中国自主研制的舱外航天服，旨在支持航天员在太空环境中进行舱外活动。它具备完整的生命支持系统和外层防护层，能够提供氧气、水分、温度调节、通信和防护等功能，可抵御微陨石、紫外线、X 射线等太空环境的影响（见图 3-5）。

航天服的主要结构（从内到外）包括：

舒适层。这是航天员贴身穿着的一层，由弹性材料制成，内部缝有细密的水管网络。冷却水在管道中循环，带走航天员身体产生的多余热量。此外，通风系统通过气流移除人体产生的水蒸气和二氧化碳，保持舒适的内部环境。

主气密层。这一层所用的橡胶布的气密程度可以说滴水不漏。它是整体结构，完全覆盖服装主要的关节结构。它既要能充气加压，又不能让服装过于膨胀，还要让各关节活动自如，技术难度非常大。

备份气密层。由气密性材料制成，如氯丁橡胶或涂覆有气密层的织物，作为主气密层的备份，它的作用在于确保当主气密层失效时仍能保持气密性，保障航天员的生命安全。

限制层。包覆在压力层外，

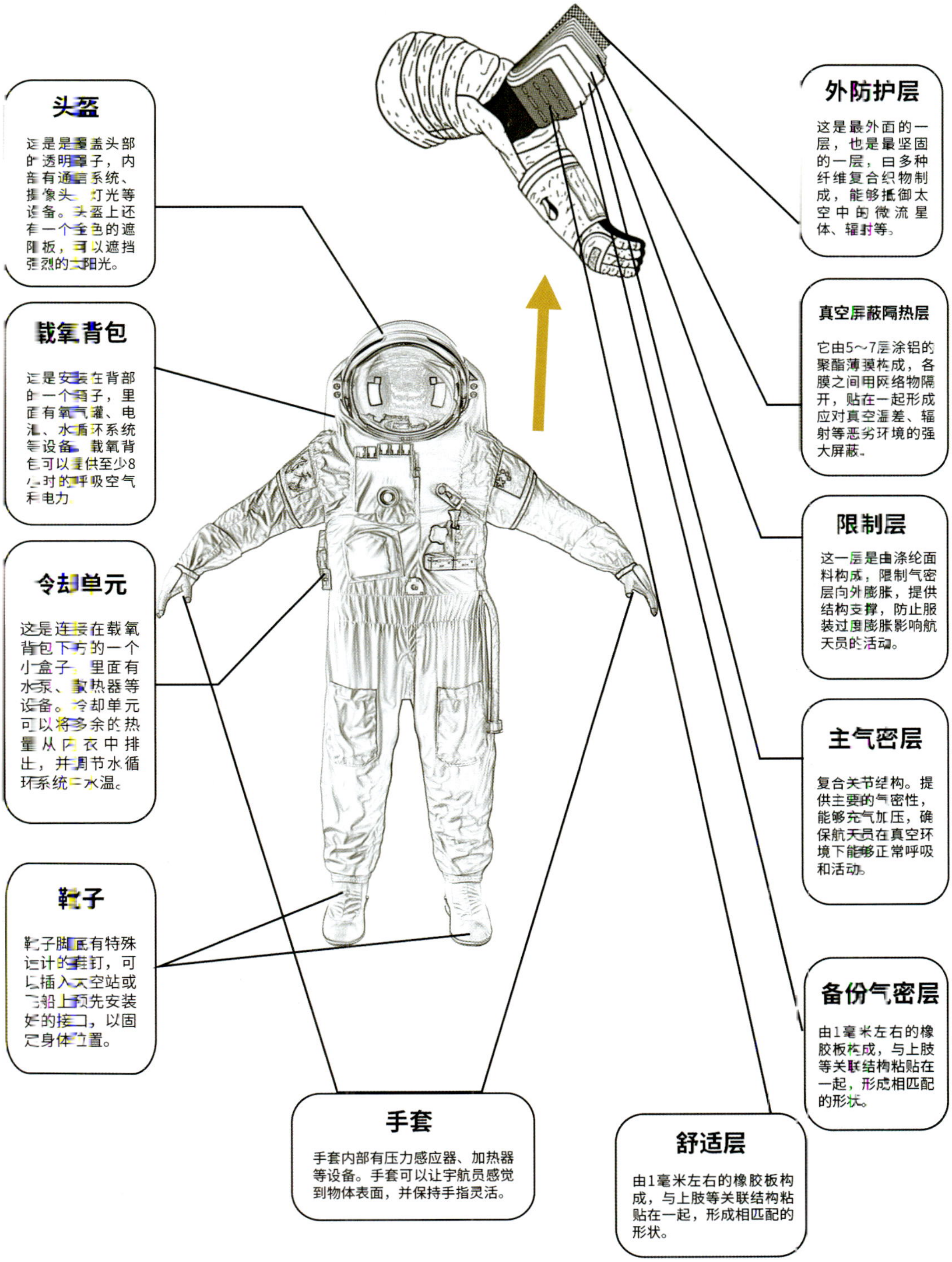

▲ 图 3-5　中国“飞天”舱外航天服示意图

采用高强度纤维材料，如达克龙（Dacron），用于限制压力层的膨胀，保持航天服的形状和尺寸，确保航天员活动自如。

真空屏蔽隔热层。它由5~7层涂铝的聚酯薄膜构成，膜之间用网络物隔开，贴在一起形成应对真空温差、辐射等恶劣环境的强大屏蔽。

外防护层。由耐磨、耐高温、抗辐射的材料制成，如芳纶纤维（Kevlar）和诺梅克斯（Nomex），能够抵御微小陨石和太空垃圾的撞击，以及紫外线和辐射的侵袭。

除了以上6层之外，舱外活动宇航服还有以下几个重要部件：

头盔由透明的聚碳酸酯材料制成，可提供宽广的视野。内部集成了通信系统，包括麦克风和耳机，方便航天员与地面和同伴沟通。头盔外部装有金色的遮阳板，可以根据需要调节，以保护航天员的眼睛免受强烈阳光和紫外线的伤害。

载氧背包及冷却单元。安装在航天员的背部的便携式生命支持系统包含氧气供应系统、二氧化碳和水蒸气去除系统、电池供电系统、冷却水循环系统等。该系统能够提供至少8小时的生命支持，确保航天员在舱外活动期间的生存和工作需求。

手套需要在保持气密性的同时，保证手指的灵活性。手套的指尖部分采用特殊材料，允许航天员操作精密仪器和工具。一些手套还配备了加热功能，防止航天员的手部在低温环境中受冻。

靴子由坚固的材料制成，具有防滑和耐磨特性。靴子的设计考虑了在太空环境中的移动需求，可能在脚底配有特殊装置，帮助航天员在空间站或飞船的外部表面固定和移动。

美国 EMU 航天服

舱外活动单元（Extravehicular Mobility Unit，EMU）是航天员在太空中进行舱外活动时使用的航天服（见图3-6），不仅可以保护他们免受太空环境的危害，还能让他们在轨道上自由移动和工作。EMU是一种半刚性的两件式航天服，由美国于1981年推出。目前，它是国际空间站航天员使用的两种航天服之一，另一种是俄罗斯的“奥兰”舱外航天服。

美国的EMU航天服由以下几个部分组成：

上身硬壳。这是航天服的主体部分，由玻璃纤维复合材料制成，内部有金属接口连接各种设备。上身硬壳上安装有头盔和通风系统，可为航天员提供氧气并调节温度。此外，上身硬壳还配备了显示控制模块（Display and Control Module，DCM），可以显示生命支持系统的状态，并控制通信、照明和报警等功能。

下半身组件。这是航天服的下半部分，包括裤子、腿部组件和靴子。下半身组件由多层隔热材料制成，提供对航天员腿部和脚部的保护，使他们能够灵活、稳定地移动和工作。

液冷通风服。这是一件紧身衣，穿在航天服内部，紧贴航天员的身体。液冷通风服由尼龙网眼布制成，内部有一套细密的水管系统，冷却水在管道中循环，带走航天员身体产生的多余热量。通风系统还通过气流移除二氧化碳和湿气，从而保持舒适的内部环境。

主生命支持系统背包。安装在上身硬壳背部的大型背包，由铝合金和复合材料制成。生命支持系统背包是生命支持系统的核心，负责提供氧气、水、电力和通信等必需功能。它包含二氧化碳去除装置，可以过滤二氧化碳；电池组，提供28伏特的直流电；无线电收发器，用于与地面或空间站通信；以及其他传感器、开关

▶ 图3-6　美国的EMU航天服
图片来源：Wikimedia Commons

和指示灯等设备。

辅助氧气包。这是一个小型背包，用于紧急情况。当主生命支持系统出现故障时，航天员可以拉动手柄启动辅助氧气包，获得额外约 30 分钟的氧气支持，以确保安全返回舱内。

此外，EMU 航天服还包括安全带、手套、靴子等部件，确保航天员在太空中的安全和操作便利。这些部件共同构成了一个完整的生命支持和防护系统，使航天员能够在严酷的太空环境中执行任务。

登月航天服

登月航天服是一种极其特殊的服装，能够让航天员在没有空气和水的月球上生存和探索。那么，登月航天服有哪些特点呢?

首先，能够抵御极端温度。月球的白天和黑夜都非常漫长，分别持续约 14 个地球日。白天，月球表面的温度可高达 127 摄氏度；夜晚，温度可能低至零下 173 摄氏度。如此巨大的温差是人类身体无法承受的，因此，登月航天服必须具备复杂的温度控制系统，能够调节内部的温度和湿度，确保航天员的生理舒适和安全。

其次，能够提供生命支持。由于月球上没有空气，登月航天服必须为航天员提供足够的氧气和水分。航天服配备了密封的头盔和便携式生命支持系统，储存并供应纯净的压缩氧气，满足航天员的呼吸需求。同时，生命支持系统还能够去除呼出的二氧化碳，并通过液冷系统调节体温。航天员在执行任务期间，也会携带饮水装置，以满足饮水需求。

再次，能够防护微流星体和月尘。月球没有大气层的保护，微小的流星体(微陨石)可能以高速撞击月球表面和航天员。此外，月球表面的尘埃细小、锋利，容易附着在设备和航天服上，可能损坏电路或机械部件，并对航天员的健康造成威胁。因此，登月航天服必须采用坚固且耐用的多层防护材料，能够抵御微流星体的撞击，并防止月尘的侵入。

此外，能够适应低重力环境的移动和操作。月球的重力约为地球的六分之一，航天员在月球上会感觉更加轻盈，行动方式与地球上有所不同。登月航天服需要在提供防护的同时，保证灵活性，方便航天员在低重力环境下行走、操作仪器和完成任务。

下面以美国阿波罗计划使用的A7L型登月航天服（见图3-7）为例进行介绍。A7L型登月航天服由两部分组成：压力服装和便携式生命支持系统。

压力服装

压力服装是直接穿在航天员身上的部分，主要起到保护和隔离的作用。压力服装由多层不同材料构成，每层都有特定功能：

（1）**内层**：贴身的尼龙衬里，提供舒适性。

（2）**气密层**：涂有氯丁橡胶（Neoprene）的尼龙层，保持内部的气密性和稳定的压力。

（3）**限制层**：由高强度的达克龙材料制成，防止气密层过度膨胀，保持航天服的形状。

（4）**隔热层**：多层的镀铝聚酯薄膜（Mylar）和玻璃纤维布，起到隔热和防护作用。

（5）**外层**：白色的Beta布，由玻璃纤维涂覆聚四氟乙烯（Teflon）制成，耐高温、耐撕裂，能够反射太阳辐射。

压力服装还包括一个头盔和可调节的面罩组件（Visor Assembly），用于保护头部和眼睛，并配备通信设备。

便携式生命支持系统

背在航天员的背上，主要提供氧气和调节温度的功能。便携式生命支持系统包含：

（1）**氧气供应系统**。储存高压氧气，通过管道输送到头盔内，供航天员呼吸。

（2）**二氧化碳去除和冷却系统**。通过循环水的液冷通风服，带走航天员身体产生的热量，并去除呼出的二氧化碳和水蒸气。

（3）**电池组**。为航天服的各项设备提供电力支持。

▲ 图 3-7　阿姆斯特朗身着登月航天服站在月球上
图片来源：NASA

▲ 图 3-8　阿波罗计划太空舱

（4）**通信系统**。与登月舱或地球进行无线电通信。

（5）**遥测和监测系统**。记录并传输航天员的生理数据和航天服的状态。

（6）**辅助设备**。包括警报器、计时器等，确保任务的安全和有效执行。

阿波罗 A7L 型登月航天服设计复杂、精密，每个部件都经过严格的测试和验证。这种航天服被用于 1969 年至 1972 年间的 6 次成功登月任务，支持了多次舱外活动。首次使用这种航天服进行 EVA 的航天员是尼尔·阿姆斯特朗（Neil Armstrong）和巴兹·奥尔德林（Buzz Aldrin），他们于 1969 年 7 月 20 日完成了人类首次登月的壮举。

拓展阅读

认识月球

月球（见图 3-9）是地球唯一的天然卫星，它围绕地球旋转。月球是太阳系中体积第五大的卫星，其平均半径约为 1737.10 千米，相当于地球半径的 27.3 %；质量则接近 7.342×10^{22} 千克，相当于地球质量的 1.23%。月球的表面布满了可能由小天体撞击形成的撞击坑。

月球的自转和公转周期相同，这种现象被称为潮汐锁定。地球的潮汐力减慢了月球的自转速度，使得月球总是以同一面朝向地球。

月球对地球产生了多方面的影响。它的引力作用于地球的海洋，形成了潮汐。潮汐可能为地球早期的水生生物向陆地进化提供了条件。此外，月球的引力对地球的影响减慢了地球的自转速度，使地球的昼夜逐渐变长。更重要的是，月球稳定了地球自转轴的倾角，防止了轴倾的剧烈变化。这种稳定性有助于保持四季的规律性，减小气候的极端变化，使地球更适宜人类居住。

◀ 图 3-9　月球
图片来源：NASA

火星探索航天服

火星探索航天服是为未来可能实现的火星载人探测任务而预先设计的，目前仍处于概念阶段。与其他航天服相比，火星探索航天服需要考虑火星表面更复杂和多变的环境因素（参见拓展阅读《认识火星》），例如：

极低的大气压力。火星大气非常稀薄，表面大气压力仅为地球的约 1%。航天服必须提供足够的内部压力，以确保航天员在低压环境下的生存。

极大的温度变化。火星表面的温度变化极大，白天可升至 20 摄氏度，夜晚则可能降至零下 100 摄氏度。航天服需要具备高效的温度调节系统，以应对这种极端的温度差异，保持航天员的体温稳定。

频繁发生的沙尘暴。火星上沙尘暴细小的尘埃颗粒不仅会遮挡阳光，还可能对航天服的机械部件和生命支持系统造成损害。因此，航天服材料需要具有防尘、耐磨损的特性，并能有效防止尘埃进入关键部位。

为了应对这些挑战，火星探索航天服可能会采用更先进和智能化的技术，例如：

自我修复材料。使用具有自我修复能力的材料，可以在受到微小损伤时自动修复，延长航天服的使用寿命，增强安全性。

可变形结构。引入可变形或柔性结构，使航天服在保证防护性能的同时，提高航天员的行动灵活性和舒适度，以适应复杂的地形环境。

生物反馈系统。集成生物监测和反馈系统，实时监测航天员的生命体征，自动调节航天服的环境参数，如温度、湿度和氧气供应，确保航天员最佳的生理状态。

认识火星

拓展阅读

火星，被誉为太阳系中的“红色星球”，其地表被铁氧化物尘埃所覆盖，呈现出迷人的红褐色，成为了人类探索宇宙的无尽遐想之地。深入理解火星的环境特性，对于评估人类踏上这片遥远红色土地的潜力具有无可估量的重要性。

火星环境是一幅独特的画卷。

火星的大气层轻薄如纱，其压力仅为地球海平面的约 0.6%，仿佛轻轻一触即破。这里，二氧化碳是主宰，其所占比例约为 95.3%，氮气与氩气的比例则分别为 2.7% 与 1.6%，而氧气几乎难觅其踪，含量不足 0.2%。如此稀薄的大气，既无法供给人类呼吸，也无法为生命提供坚实的防护。

火星的平均温度低至零下 63 摄氏度，并且这里的昼夜温差非常极致。在赤道，白昼时分可达到约 20 摄氏度，而夜幕降临，则骤降至零下 73 摄氏度；而在严寒的极地，更是低至零下 125 摄氏度，成为生命难以逾越的严酷考验。

火星上地形复杂。火星的地貌，是自然之手的杰作，高山巍峨，峡谷深邃，火山沉睡，平原辽阔。其中，奥林帕斯山以其 21229 米的高度，傲视太阳系众山。然而，这片土地上也布满了细小的尘埃与沙砾，它们时而汇聚成沙尘暴，遮天蔽日，持续数周乃至数月，为太阳能设备与通信带来前所未有的挑战。

火星的重力仅为地球的 38%，行走其间，仿佛置身梦幻之地，然而，若长期处于低重力环境，会对人类的骨骼与肌肉构成潜在的威胁，须以科学的手段加以应对。

此外，由于磁场与大气层的缺失，宇宙射线与太阳高能粒子在火星上几乎无阻挡。航天员在此将承受远超地球的辐射剂量，长期暴露之下，健康风险不容忽视。

火星虽寒，却藏有水冰的秘密，它们在两极的冰盖与地下沉睡。季节性的盐水流动，更为这片红色土地增添了几分生机。然而，液态水的直接发现，仍是未来探索的重要目标。

随着航天技术的日新月异，人类正逐步跨越前往火星的技术鸿沟。推进系统的革新、生命支持系统的完善、航天器材料的升级以及辐射防护技术的进步，为完成火星任务奠定了坚实的基础。

美国国家航空航天局的“阿尔忒弥斯计划”雄心勃勃，旨在重返月球，为人类登陆火星铺路。而SpaceX则在马斯克的引领下，以星舰（Starship）为载体，梦想着火星的载人殖民。中国也正在积极推进火星探测计划，2020年成功发射了首个火星探测器“天问一号”，实现了火星环绕、着陆和巡视探测。

火星探索不仅承载着科学的梦想，更蕴含着经济的潜力。生命起源的奥秘、丰富的矿产资源以及人类生存的新天地，都在向我们招手。然而，长途航行的艰辛、心理压力的考验、着陆与生存的难题以及法律与伦理的挑战，都需我们共同面对与克服。

人类前往火星的征程，已从遥不可及的梦想逐渐变为触手可及的现实。在这条充满未知与挑战的道路上，技术的创新、国际的合作与人类的智慧将成为我们最坚实的后盾。未来几十年内，我们有望亲眼见证人类踏上火星的辉煌时刻，为人类的文明与发展开启新的篇章。

姓名：________________ 日期：________________

学习测试

经过前面的学习，请你回答以下问题。

（1）航天服有哪些类型？

序号	航天服类型	用途	举例
1	舱内服		
2			
3			
4			

（2）请你写出你对航天服的设计要求。

（根据你对太空环境的理解，列出航天服需要满足的功能和性能要求，包括但不限于生命支持、保护、防护、通信、舒适性等。）

姓名:______________ 日期:______________ 班级:______________

记 录 纸

4

研究问题 III：如何确保航天员在太空中生存

如何帮助航天员呼吸？

航天服其实是一套密闭式的系统，里面的空气不会与外界交换。这样可以防止航天员在太空中因为缺乏大气压力而身体膨胀或者血液沸腾。但是，这也意味着里面的空气会随着航天员的呼吸而消耗和污染。因此，航天服必须有一套能够循环、过滤和补充空气的装置。这套装置就位于航天服后背上的一个叫作生命支持系统的箱子里（见图 4-1）。

生命支持系统包含了几个重要部件：

氧气罐。这里储存了高压纯净的氧气，用来补充呼吸消耗掉的氧气。

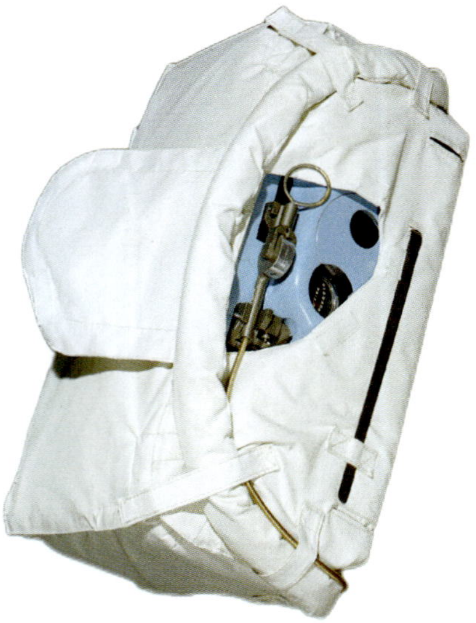

二氧化碳吸收器。这里有一种叫作氢氧化锂（LiOH）的物质，可以与呼出来的二氧化碳反应，生成无毒、无味、无色的水和锂碳酸盐（Li_2CO_3）。这样就可以去除二氧化碳，并且回收水分。

湿度控制器。这里有一个冷凝器和一个加热器，可以调节空气中的水汽含量。冷凝器可以将多余水汽冷却成液态水，并排出到外部储水袋中；加热器可以将过于干燥或者过于寒冷（低于 4 摄氏度）的空气加热并增加湿度。

温度控制器。这里有一个散热板和一个风扇，可以调节空气温度。散热板通过往外排放多余热量来降低温度；风扇通过往内吹送冷却液来升高温度。

通风口。这里有一个小孔，在头盔下方连接到生命支持系统上。通风口会不断地向头盔内送入新鲜空气。

下面我们来看一看美国航天服的生命支持系统箱子（见图 4-2）。

◀ 图 4-1　生命支持系统

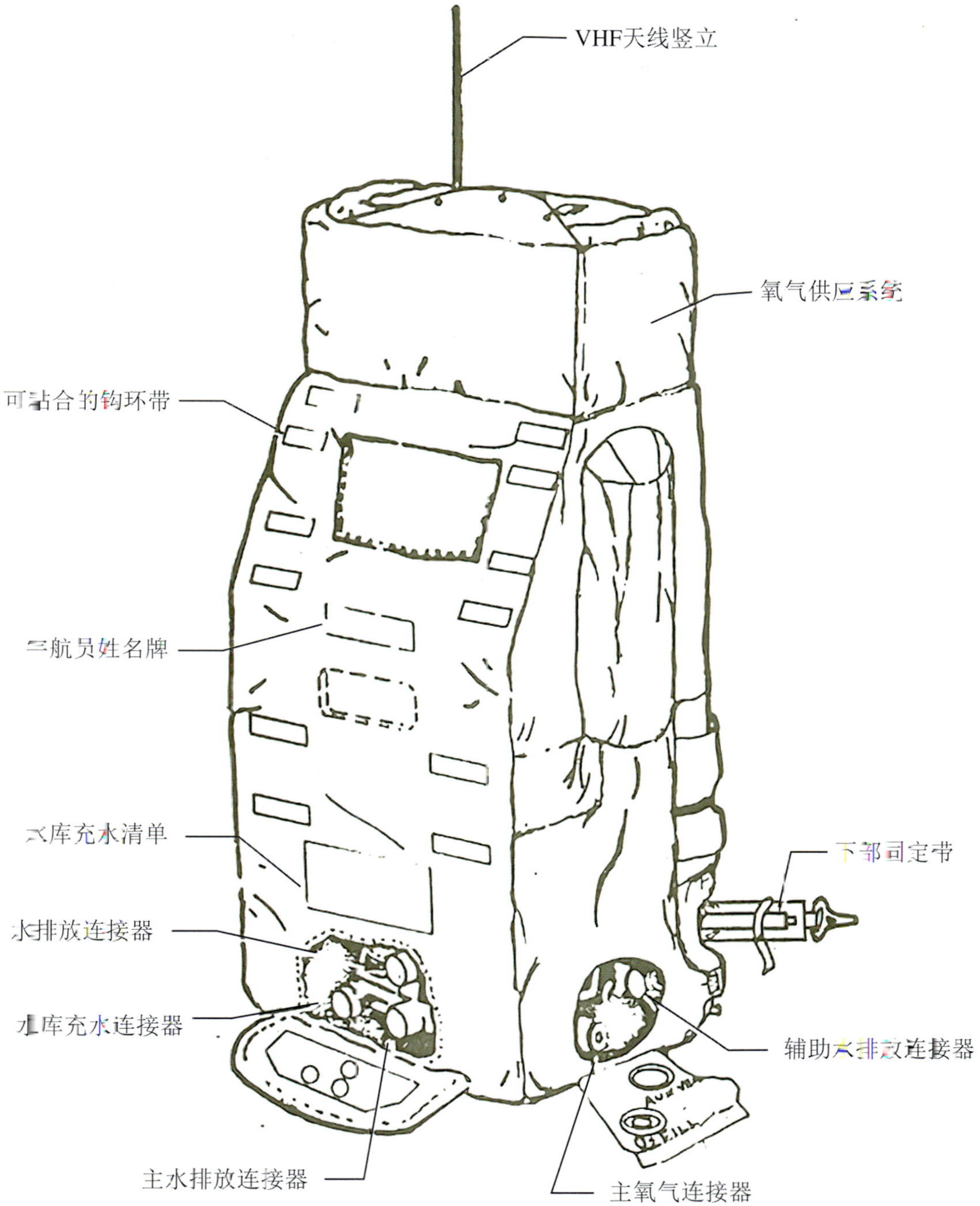

▲ 图 4-2　美国航天服生命支持系统箱子示意图

拓展阅读

呼吸作用

呼吸作用（Cellular respiration）是指生物体内的有机物在细胞内通过一系列酶促氧化分解反应，最终生成二氧化碳、水和其他产物，并释放出能量的过程。这一过程也称为释放作用，是所有动物和植物等生物维持生命活动的基本代谢过程。

在有氧生物中，氧气作为主要的氧化剂，参与细胞内的能量代谢，维持生命活动。氧气通过呼吸系统进入体内，经血液运输到各组织细胞，最终进入线粒体，参与有机物的氧化分解，为生命活动提供能量。

无论是自养型（如绿色植物），还是异养型（如动物和大多数微生物），细胞完成生命活动所需的能量均来源于呼吸作用。对于真核细胞而言，线粒体是与呼吸作用密切相关的细胞器，呼吸作用的关键步骤（如糖酵解、柠檬酸循环和电子传递链）均在其中进行。

呼吸作用本质上是一系列酶促氧化还原反应。尽管名称中含有“氧化”，但呼吸作用并不一定需要氧气参与，关键在于电子的转移过程。有氧呼吸指氧气作为最终电子受体参与的过程；无氧呼吸则利用其他分子（如硝酸盐、硫酸盐）作为电子受体。此外，发酵是一种无需电子传递链的无氧代谢过程，通过再生电子载体（如 NAD+）维持糖酵解。

呼吸作用的主要目的是通过氧化分解食物中的有机物，释放能量并将其储存在三磷酸腺苷（ATP）中，ATP 是细胞最主要的直接能量供应者。与燃烧不同，呼吸作用通过多步反应逐步释放能量，并部分储存在 ATP 中，以确保能量的高效利用。

在有氧呼吸过程中，三大营养物质——碳水化合物、蛋白质和脂肪——分别被分解为葡萄糖、氨基酸和脂肪酸。这些分子通过糖酵解和柠檬酸循环，将能量转移到烟酰胺腺嘌呤二核苷酸（NADH）和黄素腺嘌呤二核苷酸（$FADH_2$）中。随后，这些还原型辅酶在电子传递链中将电子传递给氧气，生成水，同时通过质子梯度驱动 ATP 合酶合成 ATP，为细胞提供所需能量。

如何帮助航天员保暖或降温？

太空是一个极端的环境，通常温度既可以高达 121 摄氏度，也可以低至零下 157 摄氏度。这样的温差对人体和设备都是非常危险的。那么，航天服是如何保护航天员不受温度影响的呢？

航天服的主要控温原理是隔热和反射。航天服由多层不同的材料制成，其中最重要的一层是隔热层，它由聚氯乙烯、氟化聚醚酮、涤纶等合成纤维组成。这些材料可以阻止热量流失或流入，从而保持航天员身体表面的恒定温度。

除了隔热层之外，航天服还有一个反射层，通常是用蒸发铝覆盖在塑料上制成的薄片。这种材料可以反射太阳光和红外线，避免过热或过冷。反射层通常是白色或银色的，这样也方便在太空中识别和定位航天员。

除了这两层之外，航天服还有其他一些辅助设备来调节温度。例如，在手套里有加热元件来保持手指暖和；在头盔里有风扇来吹送新鲜空气；在背包里有液体循环系统来输送冷却水到全身各处。

通过这些设计和技术，航天服可以让航天员在太空中安全地进行各种任务。你知道吗？美国国家航空航天局为了开发适合太空使用的隔热材料，还创造了很多其他有用的产品，比如紧急毯、加热背心（如图 4-3）、相变微胶囊等。这些产品也可以在地球上帮助我们保暖或降温。

◀ 图 4-3　加热背心
图片来源：Wikimadie Commons

拓展阅读

人体体温

人体体温来源于体内物质代谢过程中释放的能量。维持体温所需的热量来自细胞内化学反应产生的热量。体温的相对恒定是机体产热量与散热量保持动态平衡的结果，这种动态平衡依赖于完善的体温调节结构和功能（见图 4-4）。

人体的体温调节是一个自动控制系统，其最终目标是维持核心温度（如心脏和肺部的温度）稳定。体温的恒定调节需要神经系统的调节和内分泌系统通过体液（激素）的调节相协调完成，这种调节模式通常称为神经–体液调节。

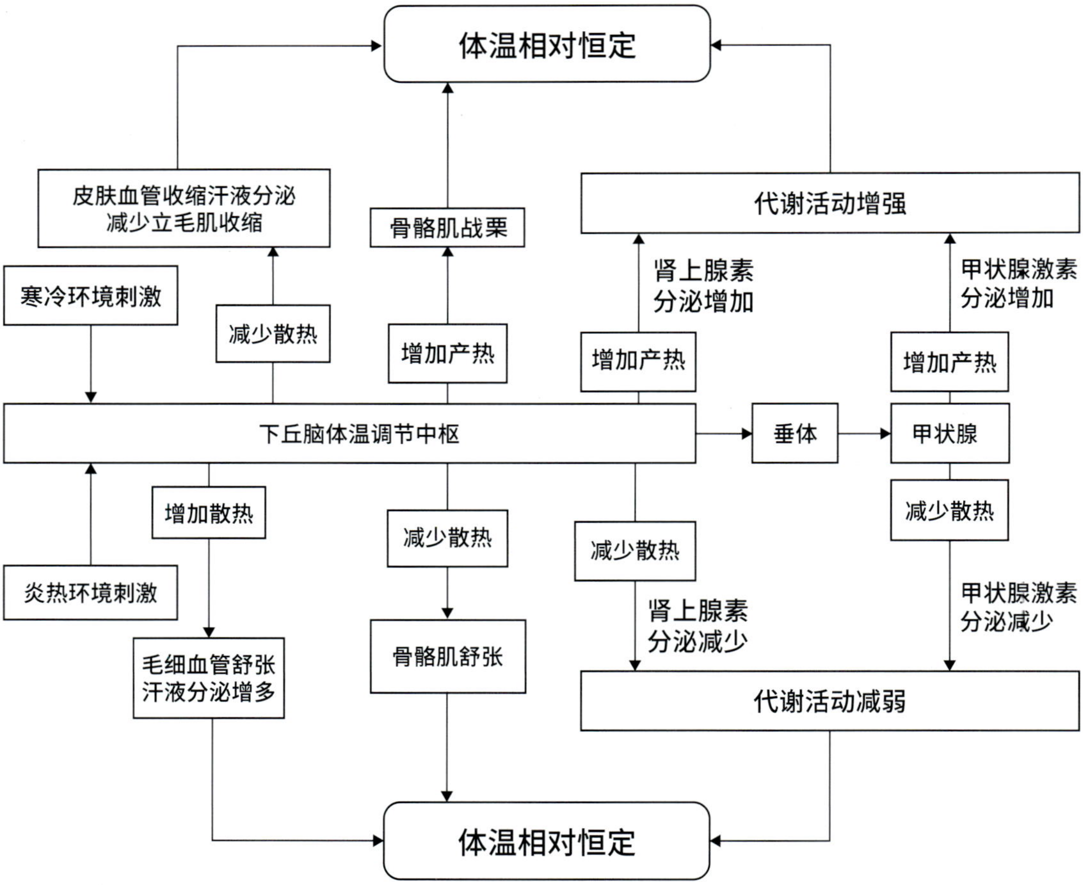

▲ 图 4-4　人体体温调节

如何帮助航天员排汗？

在太空这样的极端环境中，航天员会不会出汗呢？答案是肯定的。因为即使在地球上穿着厚厚的衣服做运动，我们也会出汗，更何况在太空中穿着重达 100 多千克、密封得像罐头一样、限制了活动范围和灵活性的航天服呢？出汗是人体自然而然地散发热量和排出废物的方式。但是，在太空中出汗可能会带来一些麻烦。比如出汗过多可能导致身体脱水；出汗后汗湿漉漉的衣服可能会影响身体保暖；汗液滴落在头盔里或者其他地方可能影响视线或者设备正常功能；出汗后留下来的盐分可能对皮肤造成刺激或者过敏。所以，在设计和制造航天服时，我们必须考虑到如何处理出汗这个问题。

航天服里面有一件特殊的冷却衣（cooling garment），这是一种由弹性材料制成并且有水管穿过去的紧身衣物，覆盖了除了头、手和脚之外整个身体（见图 4-5）。大约 91 米长的水管缠绕在冷却衣上，里面流动着冷水。这些冷水可以贴近航天员的皮肤，在太空行走期间为他们提供降温和散热的作用。同时，在冷却衣上还有一些通风口，可以把航天员出汗后产生的湿气吸走，并帮助在航天服内部形成良好的气流。从冷却衣中回收来的汗并不会浪费，而是经过过滤后得到纯净水可以再次注入冷却衣中循环使用。

◀ 图 4-5　美国航天员的冷却衣
图片来源：NASA

姓名：________________ 日期：________________

学 习 测 试

请根据你的掌握情况，进行自我评价。

评价维度	如果符合请打√
航天服如何帮助航天员呼吸？	非常了解 □ 一般了解 □ 不太了解 □
航天服如何帮助航天员保暖和降温？	非常了解 □ 一般了解 □ 不太了解 □
航天服如何帮助航天员排汗？	非常了解 □ 一般了解 □ 不太了解 □
人体体温的调节方式	非常了解 □ 一般了解 □ 不太了解 □

姓名:____________ 日期:____________ 班级:____________

记 录 纸

5 研究问题 IV：什么是热传递

什么是热传递？

热传递是指由于温度差异，热能从高温区域向低温区域传递的现象。热能是物体内部分子、原子和电子的运动能量，可以通过不同方式进行传递。热量传递主要有 3 种基本方式：热传导、热对流和热辐射（见图 5-1）。

热传导

热传导（conduction）是指在温度不同的物体或物质内部，热能通过分子、原子或电子的振动和碰撞，从高温区域向低温区域传递的过程。日常生活中，当我们将一把金属勺子放入热汤中，勺子很快会变热。这是因为热汤中的分子将热能通过勺子的金属分子传递到了手柄。如果将金属勺子放入冰水中，勺子会变冷，因为勺子的热能通过金属分子传递给了冰水。

那么，影响热传导速度的因素有哪些呢？

（1）物质的导热性。不同物质的导热能力不同。金属是良导体，能迅速传递热能；木材、塑料等是绝缘体，导热性能差。这解释了为何锅具通常由金属制成，而制作锅柄则使用木材或塑料。

（2）温差。温度差越大，高温区域和低温区域之间的热能差异越明显，热传导速度越快。例如，冬天穿厚衣服保暖，是利用衣物的绝热性能减少身体与外界之间的热量交换。

（3）传热面积和厚度。传热面积越大，接触高温和低温区域的物质越多，热传导效率越高。同时，材料的厚度也影响热传导，厚度越大，热量传递的速度越慢。

热传导的基本公式是傅立叶定律，它描述了热流密度与温度梯度之间的关系：

$$Q = -\kappa A \frac{\mathrm{d}T}{\mathrm{d}x}$$

其中，Q 为热流率（单位：W），表示单位时间内传递的热量；κ 为材料的导热系数［单位：W/(m·K)］，表示材料的导热能力；A 为垂直于热流方向的截面积（单位：m^2）；$\frac{\mathrm{d}T}{\mathrm{d}x}$ 为温度梯度（单位：K/m），表示温度随距离的变化率；负号表示热量传递的方向与温度梯度的方向相反，即热量从高温流向低温。

热对流

热对流（convection）是指由于流体内部质点的相对运动，导致热能从一处传递到另一处的过程。流体（包括液体和气体）中的不同部分相互接触，在流动过程中，热量通过流体质点的移动实现传递。

热对流又包括自然对流、强迫对流和湍流3种形式。

（1）自然对流。由于温度差异引起流体密度变化，导致流体自行流动。例如，暖空气上升，冷空气下沉，形成空气循环。

（2）强迫对流。通过外部力量（如风扇、泵）使流体运动。例如，电风扇吹风、冰箱的冷却系统、发动机的液体冷却装置。

（3）湍流。流体以紊乱的方式运动，伴随大量能量传递。

▼ 图 5-1　热对流、热传导与热辐射示意图

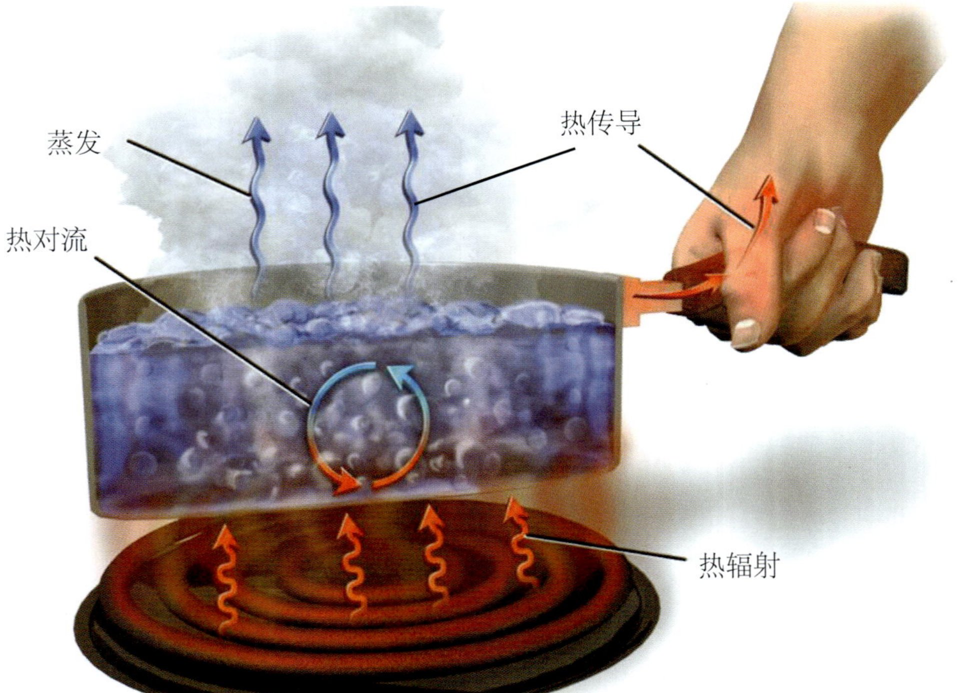

热对流传递的热量计算公式：

$$q = mC_p(T_2 - T_1)$$

其中，q 为热传递率（单位：W）；m 为单位时间内通过单位面积的质量流量[单位：kg/(m²·s)]；C_p 为流体的定压比热容[单位：J/(kg·K)]；T_1 和 T_1 为流体在两处的温度（单位：K 或℃）。

影响热对流的主要因素有温差、导热系数和导热物体的厚度和截面积。一般来说，导热系数愈大，传导的热量愈多。热对流是热传播的重要方式，也是影响初期火灾发展的最主要因素。

热辐射

热辐射（radiation）是指物体通过电磁波（主要是红外线）以能量形式向外发射热量的过程，不需要介质，因此可以在真空中传播。热辐射源于物质内部带电粒子（如电子、质子）在热运动中产生的加速度，进而发射电磁辐射。

任何温度高于绝对零度的物体都能产生热辐射，温度越高，辐射的总能量越大，波长越短。例如，太阳表面温度约为 5500 摄氏度，主要辐射可见光和紫外线。人体表面温度约为 37 摄氏度，主要辐射红外线。热辐射可在真空中进行。

由于太空是近似真空环境，没有空气等介质传递热量，物体只能通过热辐射交换热量，因此这是太空中热传递的主要方式。这意味着当阳光直射时，物体会迅速吸收太阳辐射，温度升高。当处于阴影时，物体会因自身热辐射而迅速散热，温度降低。因此，太空中的温度变化极端，可能达到数百摄氏度的差异。

为了应对太空中极端的热辐射环境，航天服表面采用了多层绝缘材料（见图 5-2）。多层绝缘材料由多层薄膜组成，每层具有不同的反射率和透过率，能够有效控制电磁波的反射、透过和发射。在强光下，多层绝缘材料可反射大部分入射光，减少内部吸收的热量。在阴影中，多层绝缘材料可减少内部热量向外辐射，保温效果显著。这样一来，就可以使航天服表

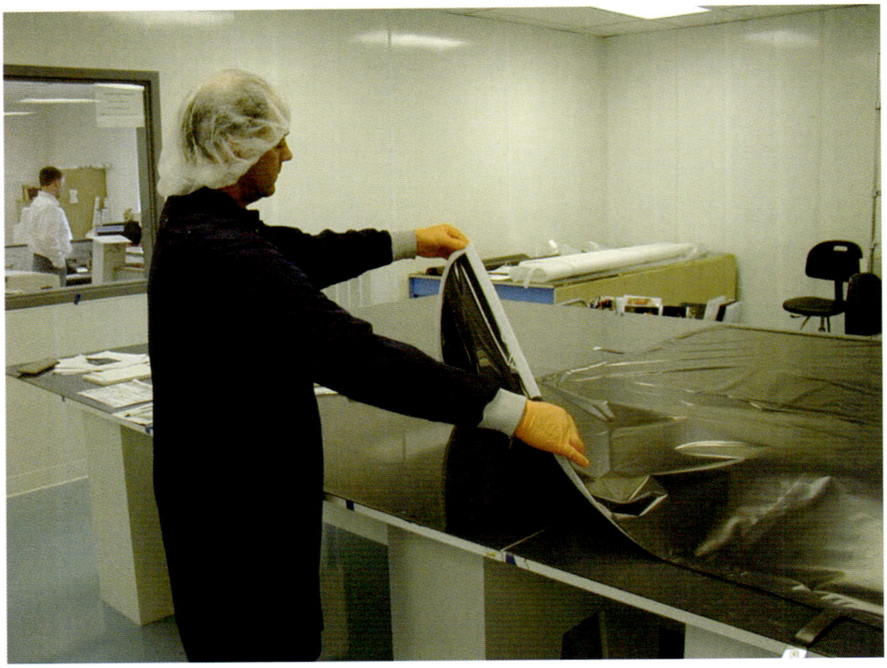

面保持一个相对稳定和适合人类生存的温度范围。

根据斯特藩－玻尔兹曼定律，物体通过热辐射传递的热量公式可表示为

$$Q = \varepsilon\sigma A(T_1^4 - T_2^4)$$

其中，Q 为物体表面之间的散热量（单位：W）；ε 为物体表面的辐射率，取值在 0 到 1 之间，表示物体辐射能力与理想黑体的比值；σ 为斯特藩－玻尔兹曼常数，约为 5.67×10^{-8} W/(m²·K⁴)；A 为物体的表面积（单位：m²）；T_1 和 T_2 为物体与环境的绝对温度（单位：K）。

▲ 图 5-2　热辐射绝缘材料

热传递与材料科学基础

热传导系数与材料选择

热传导系数（λ）是衡量材料导热能力的物理量，单位为 W/(m·K)。它表示在稳态条件下，单位温度梯度下通过单位面积传递的热量。热传导系数越大，材料的导热性能越好。如表 5-1 是一些常见材料的热传导系数。

表 5-1 常见材料的热传导系数

类别	材料	热传导系数(λ)
金属	铜	400W/(m·K)
	铝	237W/(m·K)
非金属	玻璃	0.8 W/(m·K)
	陶瓷	1.5 W/(m·K)
绝缘材料	空气	0.024 W/(m·K)
	泡沫塑料	0.03 W/(m·K)

从表 5-1 中我们可以看出，不同材料的热传导系数差异显著，这直接影响了它们在各种应用中的表现。例如，在需要高效散热的电子设备中，如 CPU（中央处理器）散热器通常会采用热传导系数较高的金属材料，如铜或铝，以确保热量能够迅速从热源传递到散热片上，再通过风扇等散热装置散发到空气中。

另一方面，在需要保温隔热的应用中，如建筑外墙保温材料或冷藏设备，人们则会选择热传导系数较低的材料，如泡沫塑料，以减少热量的传递，保持室内温度的稳定或冷藏效果。

在航天服设计中，我们需要选择热传导系数低的材料，以减少热量的传递，从而保持航天员体温的稳定。同时，材料还需具备轻质、高强度、耐辐射等特性，以满足太空环境的要求。

航天服材料的热学特性

航天服通常采用一种多层次的隔热设计架构，涵盖内层、隔热层与外层。此多层结构旨在应对极端太空环境，确保航天员的生命安全与健康。

航天服的内层作为航天员肌肤的直接接触层，其性能对于维持航天员的舒适性与生理功能具有至关重要的作用。内层材料的选择严格遵循以下核心特性要求。

舒适性。材料需具备高度的柔软度与亲肤性，以最大限度地减少对航天员皮肤的潜在刺激，保障穿戴的舒适性。

吸湿透气性。内层材料应能高效吸收航天员在太空任务中产生的汗液，并迅速将其蒸发，从而保持航天员皮肤的干爽状态，有效预防湿热环境可能引发的皮肤不适与问题。

抗菌性。为确保航天员在长时间密闭环境下的皮肤健康，内层材料还需具备出色的抗菌性能，以抑制细菌滋生，降低感染风险。

当前，航天服内层常用的材料包括棉质纤维与高性能合成纤维。其中，诸如吸湿速干面料 Coolmax 等聚酯纤维因其卓越的吸湿排汗性能而备受青睐，成为航天服内层材料的优选之一。

隔热层作为航天服的核心组成部分，其首要作用在于有效隔绝外部极端温度变化，确保内部环境维持稳定的温度状态。其主要功能是阻止热传导和热辐射。为实现这一目标，隔热层采用了多层精密设计的薄膜结构，其中不乏镀铝聚酯薄膜（Mylar）等先进材料。这些薄膜层间巧妙设置微小的空气间隙，以显著降低热传导效应。同时，镀铝层凭借其卓越的反射性能，有效反射太阳的红外及可见光辐射，从而减少了热量的吸收。此多层结构设计不仅赋予了航天服卓越的隔热性能，还确保了材料的轻质化，显著减轻了航天员的负荷。

航天服的外层则肩负着应对太空复杂环境的重任，需要具备多方面的防护能力。

抗辐射性能。外层材料必须能有效抵御来自宇宙的紫外线、X射线等有害辐射，以保障航天员的健康安全。

抗微陨石撞击能力。鉴于太空中充斥着大量高速运行的微小陨石，外层材料必须具备足够的强度和韧性，以抵御这些潜在威胁，防止航天服受损。

耐极端温度性能。在极端的高低温环境中，外层材料需保持稳定的物理和化学性能，以确保航天服的正常功能不受影响。

为实现上述防护目标，航天服外层常采用芳纶纤维（如 Kevlar）等高强度、高模量材料，这些材料具备出色的抗撞击和切割能力，能有效应对微陨石的威胁。同时，外层还可能涂覆特殊的抗辐射涂层，以进一步提升对有害辐射的屏蔽效能。

相变材料在航天服中的应用

相变材料（PCM）属于一类特殊

材料，能够在发生物态变化（如固－液相变）过程中，吸收或释放大量潜热。当环境温度升至材料的熔点时，该材料会从固态转变为液态，并在此过程中吸收大量热能，从而保持其温度相对稳定。反之，当环境温度下降至材料的凝固点时，材料将从液态恢复为固态，并释放热能，有效阻止温度进一步降低。

在航天服的设计中，引入相变材料可实现主动的温度调控功能，显著提升航天员的舒适度和安全性。具体表现如下：

稳定体温。在外部环境温度波动较大的情境下，相变材料能有效减缓温度的变化速度，确保航天服内部维持在一个适宜的温度范围内。

节约能源。通过相变材料的应用，可以减少对主动加热或冷却系统的依赖，进而降低能源消耗，实现更为环保和高效的能源利用。

关于常用相变材料，主要包括以下几种：

石蜡。以其适中的熔点和较高的潜热值，成为常用的相变材料之一。

脂肪酸（如硬脂酸）。具有可调节的相变温度范围，适用于多种应用场景。

盐水合物。通过调整水合物的组成成分，可以灵活调整其相变温度，以满足不同的使用需求。

在应用方式上，通常将相变材料进行微胶囊化处理，并嵌入纤维或织物中，以制作出具有温度调节功能的智能纺织品。这些智能纺织品在航天服等领域具有广阔的应用前景。

相变材料能够在吸收或释放热量的过程中发生物态变化（如固－液相变），在航天服中可用于稳定温度。例如，石蜡作为相变材料，可以在温度升高时熔化吸收热量，温度降低时凝固释放热量，以保持航天员的体温。

太空环境下的热量平衡

在宇宙环境中，温度变化呈现出极端的特征。具体而言，在阳光直射的条件下，温度可能攀升至 120 摄氏度；而一旦进入阴影区域，温度则会骤降至零下 170 摄氏度。为了保障航天员的体温维持在稳定状态，通常会综合运用主动热管理与被动热管理两种策略。

主动热管理

主动热管理主要依赖于液冷通风服的运作。作为航天员航天服内层的一部分，液冷通风服是一种紧身设计的服装，其材质轻盈且富有弹性。服装内部精密地织入了大量细小的水管网络，这些水管内循环着由背部生命支持系统提供的冷却液（通常是水）。当航天员体内产生热量时，这些热量会透过皮肤传递至液冷通风服的水管中，随后被流动的冷却液有效带走。完成热量交换的冷却液将返回至生命支持系统，通过散热器或蒸发器将热量释放至太空环境中，之后再经过冷却处理并重新循环使用。液冷通风服不仅能够迅速且高效地排除航天员体内多余的热量，有效防止过热现象的发生，而且允许航天员根据实际需求调节冷却液的流速，以实现对体温的精准控制。此外，液冷通风服紧贴皮肤、材质柔软，为航天员提供了良好的穿着舒适度，同时也不妨碍其正常的活动。

被动热管理

被动热管理则侧重于利用多层隔热材料（Multi-Layer Insulation，MLI）及高反射率外层来减少外部热量的传入和内部热量的散失。多层隔热材料作为一种由多层薄膜组成的复合材料，其结构通常由交替排列的金属化薄膜（如镀铝聚酯薄膜）和隔离网构成，各层薄膜之间保持着微小的空气间隙。这种设计使得金属化薄膜能够发挥其高反射率的特性，有效反射大部分的红外和可见光辐射，从而减少热辐射的吸收和发射。同时，航天服的最外层常选用白色或银色的高反射材料，这些材料不仅能够反射约 90% 以上的太阳辐射以降低热量吸收，还具备优异的耐用性和防护性，能够有效抵御太空中的微陨石撞击和辐射损伤。被动热管理策略基于材料自身的物理特性来实现热防护功能，无须额外消耗能源，因此具有高度的可靠性和稳定性。无论是在阳光直射还是阴影区域中，多层隔热材料都能为航天员提供持续而有效的热保护。

热传递实验探究

在了解了热传导的基本原理和材料特性后，让我们一起来试一试设计并实施一个热传递实验（见图 5-3），探究不同材料的保温性能，为航天服设计提供科学的数据支撑。

实验目的

通过测量不同材料对热量传递的影响，找出最适合用于航天服保温层的材料组合。

实验材料

- 棉布
- 羊毛布
- 铝箔
- 泡沫塑料板
- 石蜡（相变材料）
- 塑料薄膜
- 温度计或温度传感器
- 热水瓶或保温杯
- 计时器

◀ 图 5-3　热传递实验

• 量杯

• 剪刀、胶带

• 数据记录表

安全注意事项

（1）操作热水时，注意防止烫伤。

（2）使用剪刀等利器时，小心操作，避免受伤。

（3）如果使用电器设备，需注意用电安全。

实验步骤

（1）实验装置的搭建。

• 准备热源：将一定量（如 500 毫升）的热水倒入保温杯，初始温度控制在 60 ℃左右。

• 包裹材料：使用不同的材料组合，分别包裹保温杯，确保密封良好。

（2）实验方法。

• 记录初始温度：在包裹好材料后，立即测量并记录保温杯内水的初始温度。

• 定时测量温度：每隔 5 分钟测量一次温度，持续 30 分钟。

• 更换材料：更换不同的材料组合，重复上述步骤。

• 记录环境温度：为了控制变量，应记录实验时的环境温度。

（3）数据记录。

使用数据记录表记录每次测量的温度和时间。

示例：

材料组合	时间（min）	温度（℃）
棉布	0	60
	5	58
	10	56

数据分析与结果

（1）数据处理。

• 绘制温度 – 时间曲线：将不同材料组合的温度随时间变化的曲线绘制在同一坐标系中，便于比较。

请画出温度 – 时间曲线：

• 计算温度下降速率：通过计算每个时间间隔的温度变化，得出温度下降的速率。

（2）结果分析。

• 比较保温性能：观察曲线的斜率，斜率越小，表示温度下降越慢，保温性能越好。

• 材料组合的效果：分析单一材料与多种材料组合的保温效果差异。

你得到的结果是＿＿＿＿＿＿＿＿。

（3）实验误差讨论。

• 环境温度影响：如果环境温度变化较大，可能影响实验结果。

• 测量误差：温度计的精度、读数时的视角等都可能导致误差。

• 材料厚度一致性：确保不同材料的厚度一致，否则会影响结果的公平性。

你认为实验中存在的误差有哪些？

为了减小实验误差，你做了哪些工作？

姓名：__________ 日期：__________ 班级：__________

记 录 纸

6 方案设计：航天服设计

方 案 一

（1）你需要解决的问题是什么？

（2）你的设计有哪些限制条件？

（3）描述你的设计方案。你将使用哪些材料？为什么你的小组选择了这些材料？

方 案 一

(4) 绘制你的设计图。

方 案 二

（1）你需要解决的问题是什么？

（2）你的设计有哪些限制条件？

（3）描述你的设计方案。你将使用哪些材料？为什么你的小组选择了这些材料？

方案二

(2) 绘制你的设计图。

方 案 三

（1）你需要解决的问题是什么？

（2）你的设计有哪些限制条件？

（3）描述你的设计方案。你将使用哪些材料？为什么你的小组选择了这些材料？

方 案 三

(4) 绘制你的设计图。

总 结 讨 论

（1）本研究的标准是什么？

（2）本研究的限制条件有哪些？

（3）你优化了哪些因素？

（4）举例说明你的选择。

（5）你选择哪种设计制作原型？对你的推理作出解释，并给出证据。

（6）本研究对你今后的学习有什么启发？

7

测试与改进：对方案进行测试与改进

原型测试

请你完成以下工程记录表。

材料选择	使用重量（g）	初始温度（℃）		最终温度（℃）		温度变化率（温度变化值 / 初始温度）	
		实验组	对照组	实验组	对照组	实验组	对照组

表达结果

你的测试结果如何？有没有意想不到的结果？

改进设计

你将如何改进你的设计？

总结讨论

（1）本研究的标准是什么？

（2）本研究的限制条件有哪些？

（3）你优化了哪些因素？

（4）举例说明你的选择。

（5）你选择哪种设计制作原型？对你的推理作出解释，并给出证据。

（6）本研究对你今后的学习有什么启发？

姓名:____________　日期:____________　班级:____________

记　录　纸

8 成果展示：研究性学习报告

航天服设计实验探究

姓　　名		学校		指导老师	
探究课题					
背景					

航天服设计实验探究
目的及意义
实验过程

航天服设计实验探究

实验结果分析

航天服设计实验探究

航天服设计方案

航天服设计实验探究

总结

航天服设计实验探究

参考文献

姓名:____________　　日期:____________　　班级:____________

记　录　纸